Stephen R. Covey

LA SABIDURÍA Y EL LEGADO

∼

Stephen R. Covey falleció en julio de 2012, dejando a su paso un legado único gracias a sus enseñanzas sobre liderazgo, manejo del tiempo, eficacia, éxito e incluso amor y familia. El doctor Covey, autor bestseller de libros clásicos de autoayuda y de negocios, no escatimó un solo esfuerzo por ayudar a los lectores a reconocer los elementos claves que los llevarán a alcanzar el éxito personal y profesional. Sus libros han vendido más de veinticinco millones de ejemplares en treinta y ocho idiomas, y *Los 7 hábitos de la gente altamente efectiva* fue nombrado el libro más influyente de negocios del siglo veinte. Fundó la Fundación FranklinCovey, y por varias décadas trabajó con líderes de compañías y políticos internacionales en su búsqueda por un mejor desempeño.

LA SABIDURÍA Y EL LEGADO

LA SABIDURÍA Y EL LEGADO

Stephen R. Covey

Traducción de Ariadna Molinari Tato

VINTAGE ESPAÑOL
Una División de Random House LLC
Nueva York

PRIMERA EDICIÓN VINTAGE ESPAÑOL, ENERO 2014

Copyright de la traducción © 2013 por Ariadna Molinari Tato

Información de catalogación de publicaciones disponible en la Biblioteca del Congreso de los Estados Unidos.

Vintage ISBN: 978-0-8041-6966-0
eBook ISBN: 978-0-8041-6967-7

Para venta exclusiva en EE.UU., Canadá, Puerto Rico y Filipinas.

www.vintageespanol.com

Impreso en los Estados Unidos de América
10   9   8   7   6   5   4   3   2   1

INTRODUCCIÓN

Este libro cristaliza la sabiduría de uno de los maestros más grandes de nuestros tiempos: el doctor Stephen R. Covey.

Durante su juventud, el doctor Covey debía trabajar en el negocio hotelero de su familia, pero pronto descubrió que aquel no era su camino. Deseaba hacer una contribución distinta, ser un maestro, dedicar su vida a desencadenar el potencial humano. "Cada ser humano es valioso y está dotado de un potencial y capacidad enormes, casi infinitos", escribió.

Para lograrlo, estudió en la Escuela de Graduados de Harvard, trabajó como profesor universitario y luego amplió su círculo de influencia como consultor de negocios y líderes políticos. Al publicar, en 1989, *Los 7 hábitos de la gente altamente efectiva* —libro que es considerado por muchas personas como uno de los más influyentes de nuestros tiempos—, el doctor Covey logró y sigue logrando tener un impacto a nivel mundial. Tanto este como otros de sus libros pueden hallarse en hogares, oficinas y bibliotecas de todo el mundo.

Sus enseñanzas y su propia historia de vida nos recuerdan el poder de los principios perdurables. A él no le interesaban las modas pasajeras ni complacer a otros para ser reconocido. Más bien se apasionaba por articular y enseñar las verdades inmutables e intemporales de la vida, las cuales pueden aplicarse con el mismo provecho tanto al éxito profesional como a una satisfacción personal profunda. Asimismo, su vida estuvo guiada por estas mismas verdades, como pueden atestiguar innumerables amigos, familiares y aprendices.

Organizadas bajo los principios decisivos de la vida —como integridad, equilibrio, visión y amor—, las historias y citas presentes en este libro ilustran dichos principios de manera accesible y compendiada.

Aunque el doctor Covey ya no se encuentra entre nosotros, siempre contaremos con sus generosas y eternas enseñanzas: que la verdad es auténtica y evidente en sí misma, que no se puede vivir sin principios y esperar que el universo nos dé un lugar en él, y que la vida es algo muy valioso que bien puede desperdiciarse en cosas mediocres o invertirse en actos de grandeza.

NOTA PARA LOS LECTORES

Esta compilación ha sido tomada de diversos libros y artículos. Cada cita está acompañada de un número que corresponde con uno de los textos referidos en la bibliografía, la cual se encuentra al final del libro.

EL PRINCIPIO
DE RESPONSABILIDAD

Stephen, mi hijo de siete años, se ofreció a cuidar el jardín de la casa.

—Observa, hijo —le dije—. ¿Ves cómo el césped de nuestro vecino está verde y limpio? Eso es lo que buscamos: verde y limpio. Ahora mira nuestro césped. ¿Notas la mezcla de colores? Eso no es lo que queremos, pues no es verde. Verde y limpio es lo que necesitamos.

Dos semanas, dos palabras: verde y limpio.

Pasó el sábado, y él no hizo nada. Domingo... nada. Lunes... nada. El martes, al sacar el auto del garaje, volteé a ver el césped amarillento y cubierto de desperdicios. El caluroso sol de julio se elevaba por los cielos.

Era inaceptable. Estaba molesto y desilusionado por sus acciones.

Estuve a punto de llamar a un jardinero, pero ¿qué efecto tendría eso en su sentido interno del compromiso?

Fingí una sonrisa.

—Hola, hijo. ¿Cómo va todo?

—¡Bien! —contestó.

Me mordí la lengua y esperé a que termináramos de cenar. Entonces lo interpelé.

—Hijo, hagamos aquello que acordamos. Salgamos al jardín para que me muestres cómo va tu trabajo.

Cuando nos acercamos a la puerta, la barbilla comenzó a temblarle, los ojos se le llenaron de lágrimas y, una vez que estábamos fuera, sollozaba.

—¡Es muy difícil, papá!

"¿Qué es tan difícil?", pensé. "¡Si no has hecho una sola cosa!" Pero yo ya sabía en dónde radicaba la dificultad: en la autogestión y la autosupervisión. Así que le dije:

—¿Puedo ayudarte de alguna forma?

—¿Lo harías, papá? —dijo, conteniendo el llanto.

—¿Recuerdas cuál era nuestro trato?

—Sí. Dijiste que me ayudarías si tenías tiempo.

—Pues ahora tengo tiempo.

Entró corriendo a la casa y regresó con dos costales. Me entregó uno.

—¿Recogerías esas cosas? —dijo, señalando la basura que había quedado de la parrillada del sábado anterior—. Es que me da asco.

Lo hice. Hice exactamente aquello que me pidió. Fue entonces cuando mi hijo firmó el trato en su corazón. El jardín se volvió suyo; él lo gestionaría.

Sólo volvió a pedirme ayuda dos o tres veces más durante el resto del verano. El resto del tiempo, él cuidó el jardín. El césped nunca estuvo tan verde ni el jardín tan limpio.[7]

La responsabilidad genera la habilidad para responder.[3]

A todos nos interesan cosas que escapan a nuestra gestión, y así debe ser, pero lo más importante que podemos hacer al respecto es ampliar el espectro de nuestra propia gestión.[4]

Delegar la responsabilidad a la gente no es denigrante, sino que reafirma.[7]

Una cosa es cometer un error, pero otra muy distinta es no admitirlo. La gente perdona los errores, pues suelen ser equivocaciones mentales o de juicio. Sin embargo, no disculparán con facilidad aquellos que vienen del corazón, las malas intenciones, los motivos perniciosos, ni el encubrimiento orgulloso que busca justificar el error inicial.[7]

Nunca uses la palabra *promesa*, a menos de que estés del todo preparado para pagar el precio que sea necesario para mantenerla.[8]

≈

Nada destruye la confianza tan rápido como hacer una promesa y no cumplirla. En cambio, no hay algo que fomente la confianza tanto como una promesa cumplida.[8]

≈

Proteger a las personas de las consecuencias naturales de sus actos les enseña a ser irresponsables.[4]

≈

La causa de la mayoría de las dificultades existentes en las relaciones se arraiga en las expectativas conflictivas y ambiguas en torno a roles y objetivos.[7]

≈

El principio de la gestión implica concentrarse en la responsabilidad propia, en las tareas propias, sean cuales sean. De ese modo, uno se enfoca en su deber para magnificarlo; es decir, para hacer más de lo que se espera de uno, para obtener más de lo que se ha obtenido antes. Por ejemplo, como cónyuge, uno se enfoca en la responsabilidad de ser un ejemplo de nobleza para sus hijos y un compañero comprensivo para su pareja.[4]

~

Para mejorar cualquier situación, usted debe mejorar. Para cambiar a su esposa, usted debe cambiar. Para cambiar la actitud de su esposo, usted debe cambiar la suya. Para obtener mayor libertad, debe ser más responsable y ejercer una mayor disciplina.[4]

~

Para criar hijos obedientes, tanto usted como yo debemos ser padres más obedientes de ciertas leyes y principios.[4]

~

Para reconstruir relaciones rotas, lo primero que debemos hacer es analizar nuestro corazón para descifrar cuáles son nuestras responsabilidades y fallas. Es fácil quedarse al margen y señalar las debilidades ajenas, pero este proceso sólo sirve para alimentar el orgullo y justificarnos.[4]

~

No somos nuestros sentimientos. No somos nuestros estados de ánimo. Ni siquiera somos nuestros pensamientos... La autoconciencia nos permite distanciarnos y examinar la forma en la que nos *vemos*.[7]

~

Sin participación no hay compromiso. Destaque esta frase, subráyela, haga una señal al margen, póngale un asterisco. *Sin participación no hay compromiso.*[7]

EL PRINCIPIO
DE EQUILIBRIO

Imagine que se encuentra con alguien en el bosque que está trabajando arduamente para talar un árbol.

—¿Qué hace? —pregunta usted.

—¿No lo ve? —responde aquél con impaciencia—. Estoy talando este árbol.

—¡Pero se ve exhausto! —exclama usted—. ¿Cuánto tiempo lleva haciéndolo?

—Más de cinco horas —contesta—. ¡Y estoy rendido! Es un trabajo muy pesado.

—Bueno, y ¿por qué no se toma un descanso de unos minutos para afilar la sierra? —le pregunta usted—. Seguramente terminaría más rápido.

—No tengo tiempo para afilar la sierra —dice él de forma enfática—. ¡Estoy demasiado ocupado aserrando![7]

≈

¿Alguna vez ha estado tan ocupado conduciendo como para detenerse a cargar gasolina?[10]

~

¿Cuántas personas en su lecho de muerte desearán haber pasado más tiempo en la oficina?[1]

~

Muchas personas parecen creer que el éxito en un aspecto compensa el fracaso en otros. Pero ¿es en realidad posible? La efectividad auténtica requiere equilibrio.[7]

~

La clave no está en darle prioridad a lo que se tiene en la agenda, sino ordenar la agenda según sus prioridades.[7]

~

Hay un momento para que gobierne la mente, y otro para que sea el corazón quien lo haga.[20]

~

Jamás debemos ocuparnos demasiado en aserrar, pues no nos daremos tiempo para afilar la sierra.[3]

EL PRINCIPIO
DE ELECCIÓN
~

En una ocasión, me encontraba dando una charla sobre el tema de la proactividad, cuando una mujer del público se levantó a la mitad de mi presentación y comenzó a hablar con emoción. Se veía muy contenta.

—¡Nunca imaginará lo que me ha ocurrido! —exclamó—. Trabajo como enfermera de tiempo completo para el hombre más miserable e ingrato que pueda imaginar. Nada de lo que hago es lo suficientemente bueno para él. Jamás expresa su agradecimiento, y rara vez reconoce mi trabajo. Con frecuencia me sermonea y le encuentra fallas a todo lo que hago. Ese hombre me ha hecho miserable la vida, así que por lo regular desquito mi frustración con mi familia. Las otras enfermeras se sienten igual que yo, y casi llegamos al grado de rezar por su deceso. Y luego usted tuvo el descaro de pararse allá arriba y sugerir que nada puede lastimarme, que nadie puede lastimarme sin mi consentimiento, y que yo he elegido que mi vida emocional sea miserable. No había forma de que me convenciera su argumento. Pero lo pensé un poco más, miré hacia mi interior y comencé a preguntarme: "¿Tengo el poder de elegir mi reacción?"

Cuando me di cuenta de que sí tengo ese poder, cuando pasé el trago amargo y me di cuenta de que había elegido sentirme miserable, también descubrí que podía elegir no serlo. En ese momento me puse en pie. Sentí como si me liberaran de una prisión. Quería gritarle al mundo: "¡Soy libre! ¡Salí de la prisión! No volveré a dejarme controlar por la forma en que me traten otros".[7]

≈

Cada uno de nosotros tiene una puerta hacia el cambio que sólo puede ser abierta desde dentro.[7]

≈

Cada ser humano tiene cuatro atributos: conciencia de sí mismo, conciencia, voluntad propia e imaginación creativa. Éstos nos conceden la libertad humana por excelencia: la capacidad de elegir, responder y cambiar.[1]

≈

La felicidad, al igual que la infelicidad, es una elección proactiva.[7]

≈

La felicidad —al menos en parte— es fruto del deseo y la capacidad para sacrificar lo que queremos ahora por lo que querremos a la larga.[7]

~

No soy resultado de mis circunstancias, sino producto de mis decisiones.[21]

~

Le enseño a la gente cómo tratarme a través de los límites que establezco.[21]

~

Si en verdad deseo mejorar mi situación, debo trabajar en aquello sobre lo que tengo control: yo mismo.[7]

~

Entre el estímulo y la respuesta existe un espacio. En dicho espacio se encuentra nuestra libertad y capacidad para elegir nuestras respuestas. Y en dichas elecciones radica nuestro crecimiento y felicidad.[8]

~

La voluntad propia es nuestra capacidad de actuar. Nos otorga el poder para trascender nuestros paradigmas, nadar corriente arriba, reescribir nuestros guiones y actuar con base en principios, en vez de reaccionar basándonos en nuestras emociones o circunstancias.[1]

~

Lo que nos lastima no es lo que nos ocurre, sino nuestra respuesta ante ello.[7]

~

Al encender un fósforo, puede tanto destruir un edificio como iluminar un lugar oscuro; la decisión es suya.[21]

~

Sobre el timón de una gigantesca nave, hay otro timón de menor tamaño que controla las aletas compensatorias. Al moverlo tan sólo un poco, el timón principal se mueve lentamente, lo cual, a su vez, cambia la dirección del buque entero. Véase como ese pequeño timón. Si hace cambios pequeños, éstos tendrán repercusiones en la organización, y es posible que incluso cambien la cultura entera.[3]

~

Una de mis historias favoritas del Antiguo Testamento es la de José, a quien sus hermanos vendieron como esclavo en Egipto cuando era apenas un niño.

¿Pueden imaginar lo fácil que habría sido para él languidecer en autocompasión como sirviente de Potifar o concentrarse en las debilidades de sus hermanos y de sus captores, así como en todo aquello que no tenía? Sin embargo, José fue proactivo, por lo que al poco tiem-

po logró estar al frente de la casa de Potifar. Estaba a cargo de todo lo que Potifar poseía, porque el nivel de confianza que se tenía en él era muy alto.

Entonces, un día José se encontró en una situación difícil y se negó a comprometer su integridad. Como consecuencia, se le encarceló injustamente durante trece años.

Pero una vez más fue proactivo. Trabajó en su círculo de influencia, y, al poco tiempo, logró estar al frente de la prisión, y después de la nación entera de Egipto, sólo por debajo del faraón.[7]

~

Nuestro comportamiento está en función de nuestras decisiones, no de nuestras condiciones.[7]

~

El lenguaje que utilizamos es un indicador certero del grado en el que nos percibimos como personas proactivas. La gente reactiva se expresa en términos que la eximen de responsabilidad: "Éste soy yo. Así soy. No hay nada que pueda hacer al respecto".[7]

~

Nuestra mayor libertad es el derecho y poder que tenemos para decidir cómo nos afectarán las cosas o personas ajenas a nosotros.[21]

≈

Las experiencias del pasado suelen actuar como cadenas sobre el presente y el futuro. Las primeras impresiones se vuelven duraderas. Los hábitos se convierten en rutinas. La actitud mental de "Es imposible hacerlo" se vuelve una profecía que conlleva su propio cumplimiento.[4]

≈

La gente reactiva suele verse afectada por el medio ambiente. Si el clima es agradable, se sienten bien. Si no lo es, su actitud y desempeño se modifican. La gente proactiva lleva el buen clima consigo. Si afuera llueve o sale el sol, para ellos no hay diferencia alguna.[7]

≈

Por lo regular, la gente reactiva actúa de acuerdo a esquemas anticuados impuestos por otros. Suelen ser como bomberos que corren de un lado a otro de forma impulsiva.[21]

≈

Los contratiempos son inevitables; la miseria es una elección.[8]

≈

La capacidad de subordinar los impulsos a los valores conforma la esencia de las personas proactivas.[7]

~

Al victimizarse, usted renuncia a su futuro. En una ocasión, me encontraba capacitando agentes generales de seguros, y todos se quejaban de los lamentables programas de capacitación de la compañía.

—Bueno, entonces, ¿por qué no los cambian? —les dije.

—¿Qué quiere decir con eso? —me contestaron.

—Que esos programas no los hacen felices. Sienten que sólo son espectáculos de pirotecnia y que no se comparten las mejores prácticas. ¿Por qué no los cambian?

—Pues porque no nos corresponde.

—Miren, ustedes no son víctimas. Son los mejores agentes generales de la compañía. Pueden presentarle sus ideas a quienes toman las decisiones más importantes, y, si lo hacen a conciencia (o, dicho de otro modo, sustentan la postura de ellos de mejor forma que ellos mismos antes de argumentar a favor de la de ustedes), se convertirán en agentes de cambio.[12]

~

El ambiente que conciba a partir de sus pensamientos, creencias, ideales y filosofía será la única atmósfera en la que habite el resto de su vida.[11]

~

El reflejo del paradigma social actual nos indica que hemos estado determinados durante mucho tiempo por los condicionamientos y las circunstancias.[7]

~

Hay ciertos momentos cruciales en cualquier empeño humano, los cuales, si se aprovechan con singularidad, se transformarán en los momentos determinantes del futuro. Sea fuerte en los momentos difíciles.[4]

~

En la vida existen tres constantes: el cambio, la elección y los principios.[21]

~

Hasta que pueda afirmar con toda honestidad y desde lo más profundo de su ser: "Soy quien soy en el presente por las decisiones del pasado", no podrá aseverar: "Elijo hacer las cosas de forma distinta".[7]

~

Somos libres de elegir nuestras acciones, mas no de elegir las consecuencias de las mismas. Recuerde, si levanta un extremo de la rama, también estará levantando el opuesto.[7]

~

Sus hábitos no lo definen. Usted puede remplazar los viejos patrones de derrota personal con patrones nuevos, con nuevos hábitos de efectividad.[7]

~

En una ocasión, un estudiante me preguntó:

—¿Me permite ausentarme de la clase? Debo viajar a una competencia de tenis.

—¿Debes ir o eliges ir? —le pregunté.

—En verdad debo ir —me explicó.

—¿Qué ocurrirá si no vas?

—Pues me expulsarán del equipo.

—¿Sería una consecuencia agradable?

—No, para nada.

—Dicho de otro modo, eliges ir porque anhelas la consecuencia de seguir siendo parte del equipo. ¿Qué ocurrirá si te ausentas de mi clase?

—No lo sé.

—Piensa. ¿Cuál crees que sería la consecuencia natural de no venir a clase?

—Usted no me expulsaría, ¿o sí?

—Ésa sería una consecuencia social, de tipo artificial. Si no formas parte del equipo de tenis, no puedes jugar. Eso es natural. Pero, si no vienes a clase, ¿cuál sería la consecuencia natural?

—Supongo que me perderé el aprendizaje.

—*Así es. Por lo tanto, debes sopesar esa consecuencia contra la anterior y hacer una elección. Sé que si estuviera en tu lugar, elegiría ir a la competencia. Pero nunca digas que* debes *hacer algo.*

—*Elijo viajar a la competencia de tenis* —contestó con timidez.

—*¿Y perderte mi clase?*[7]

EL PRINCIPIO
DE CONTRIBUCIÓN

Un pariente mío ha trabajado en IBM durante toda su vida profesional. Ha logrado prosperar en cada transformación de una empresa dinámica gracias a su arduo trabajo para seguir siendo un elemento relevante dentro de una industria que evoluciona constantemente. Es muy bueno en lo que hace y se toma su trabajo muy en serio; le agrada mucho a sus clientes y, más importante, disfruta de una gran vida familiar. No es ambicioso en el sentido de que no necesita señales externas de éxito: ascensos frecuentes o reconocimiento público. Lo que sí ha logrado es hacer una diferencia.

Para mí eso es una gran carrera. Él da lo mejor de sí mismo y por ello se ha ganado la lealtad y confianza de sus clientes, colegas y familia.

Mucha gente discute con respecto a la ambición. ¿Es buena o mala? Creo que depende del objetivo de la ambición. Si usted sólo es ambicioso para ornamentarse con el éxito y sus símbolos, sin estar dispuesto a pagar un precio justo por él, con el tiempo dicha ambición podría destruir su felicidad. Por otro lado, si usted ambiciona lograr un cambio verdadero, hacer una aportación *trascendente, experimentará la profunda satisfacción de un trabajo bien hecho y una vida bien vivida. Éste es el tipo de ambición en el que creo.*[2]

≈

Cualquiera que haya hecho la diferencia, para bien o para mal, posee tres atributos en común: visión, disciplina y pasión. Hitler tenía los tres, pero le faltaba un cuarto atributo esencial: conciencia. El resultado fue la catástrofe.[7]

≈

Sea una luz, no un juez. Sea un modelo, no un crítico.[7]

≈

En el fondo, todos tenemos el anhelo intrínseco de llevar una vida de grandeza y contribución; una vida que en verdad importe, que en verdad haga la diferencia. Somos capaces de decidir conscientemente dejar atrás una vida de mediocridad para llevar una de grandeza, tanto en casa como en el trabajo y la comunidad.[8]

≈

La efectividad ya no es opcional. Los nuevos tiempos exigen y requieren grandeza.[8]

≈

Mire las debilidades ajenas con ojos comprensivos, no acusadores. El problema no radica en lo que otros no están haciendo o deberían estar haciendo. El problema está en la reacción que usted elige tener frente a la situación y en lo que usted mismo debería estar haciendo.[7]

≈

El ser humano no es perezoso o indiferente por naturaleza. Sus atributos espirituales y naturales le conceden energía y entusiasmo ilimitados. Todos los días percibimos que dichas cualidades se manifiestan en las actividades en las que descubrimos el significado y la trascendencia individual.[4]

≈

La mayoría gastamos demasiado tiempo en lo que es urgente, y no el suficiente en aquello que de verdad importa.[21]

≈

La grandeza primordial implica carácter y contribución. La grandeza secundaria es el prestigio, la riqueza y la posición.[21]

≈

Si un ser humano puede ser mejor, debe ser mejor.[4]

~

A menudo lo *bueno* es enemigo de lo *mejor*.[7]

~

La clave de la vida no radica en la acumulación, sino en la contribución.[21]

~

El trabajo más significativo que realizaremos en nuestra vida entera, en nuestro mundo, será aquel que hagamos al interior de las cuatro paredes de nuestro hogar.[21]

~

La cultura mundial en la que estamos inmersos valora principalmente los objetivos y valores materiales y sociales, los cuales suelen ser inconsistentes con los objetivos y valores de autorrealización.[4]

~

Hay quienes logran triunfos y quienes hacen contribuciones. Muchos de los primeros también hacen lo segundo, pero, en general, apenas se están preparando para contribuir. Vea su vida como la de alguien que hace contribuciones.[21]

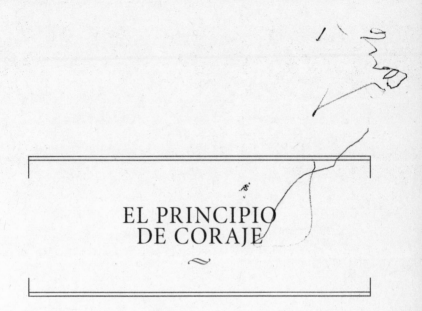

EL PRINCIPIO
DE CORAJE

Un conocido mío se encontraba muy frustrado porque su jefe estaba estancado en lo que parecía ser un estilo de liderazgo improductivo.

—¿Por qué no hace nada al respecto? —me dijo—. Lo he comentado con él, está consciente de la situación, pero no hace nada.

—Bueno, ¿por qué no preparas una presentación efectiva? —le pregunté.

—Ya lo he hecho —me respondió.

—¿Cómo defines algo efectivo? Veamos, ¿a quién mandan de regreso a la capacitación cuando el vendedor no concreta la venta? ¿Al comprador? Efectivo significa que funciona. ¿Creaste el cambio que deseabas? ¿Consolidaste la relación en el proceso? ¿Cuáles fueron los resultados de tu presentación?

—Ya te lo he dicho, no hizo nada. Ni siquiera me prestó atención.

—Entonces haz una presentación efectiva. Debes ser empático con sus ideas y acceder a su forma de pensar. Exponle tu argumento de forma simple y por medio de apoyos visuales, y descríbele la alternativa que él defiende *mejor que como lo haría él mismo. Para ello, deberás hacer un gran esfuerzo. ¿Estás dispuesto a hacerlo?*

—¿Por qué debería pasar por todo eso? —me preguntó.

—¿Estás implicando que deseas que cambie su estilo de liderazgo por completo, pero no estás dispuesto a cambiar tu método de presentación?

—Supongo que así es —respondió.

—Bueno, entonces sonríe y aprende a vivir con ello —le dije.

—No puedo vivir con ello —me increpó—, pues pone en entredicho mi integridad.

—Muy bien, entonces ponte a trabajar en esa presentación efectiva.

Al final, no estaba dispuesto a hacerlo. La inversión le parecía demasiado grande.[7]

~

Mucha gente tiene una forma de pensar dicotómica, en términos de blanco o negro. Creen que alguien agradable no puede ser rudo también. Sin embargo, el pensamiento *ganar-ganar* es agradable... y también rudo.[7]

~

El peor riesgo es vivir sin arriesgarse.[8]

~

La única forma auténtica de fortalecer una relación deteriorada es a través del encuentro uno a uno: buscar a esa persona para reconciliarse con ella, hablar las cosas, disculparse, perdonar o hacer cualquier cosa que sea necesaria.[21]

Cuando no tenemos control sobre un problema, es nuestra responsabilidad cambiar la expresión en nuestro rostro: sonriamos, aceptemos el problema de forma genuina y con sosiego, y aprendamos a vivir con él, aunque no nos guste. De esta forma, le quitamos el poder de controlarnos.[7]

EL PRINCIPIO
DE EFECTIVIDAD

¿Recuerdan la historia de aquel granjero pobre que un día descubre en el nido de una de sus gallinas un radiante huevo dorado? Al principio cree que se trata de una broma. Pero, cuando está por deshacerse del huevo, cambia de opinión y decide llevarlo a valuar. ¡El huevo está hecho de oro puro! El granjero no puede creer lo afortunado que es. Su incredulidad aumenta al día siguiente, cuando la experiencia se repite.

Día tras día, se despierta y corre hacia el nido para encontrar otro huevo dorado. Se vuelve increíblemente rico, pero todo parece ser demasiado bueno para ser real. Conforme aumenta su riqueza, se despiertan en él la codicia y la impaciencia.

Al ser incapaz de esperar día tras día los huevos de oro, el granjero decide matar al ave para obtenerlos todos de una sola vez. Sin embargo, al abrir a la gallina, descubre que está vacía. No hay huevos de oro, y además ya no tiene forma de obtener más. El granjero ha aniquilado al animal que los producía.

En esta fábula subyace una ley natural, un principio: la definición básica de la efectividad. La mayoría de la *gente entiende la efectividad desde el paradigma de la gallina de los huevos de oro: entre más produce y más hace, más efectiva es. Si usted adopta un patrón de vida que se concentre en los huevos de oro y descuida a la gallina, pronto se quedará sin el recurso que los produce.*

Por otro lado, si sólo cuida a la gallina y le quita interés a los huevos de oro, en poco tiempo se quedará sin medios para alimentar tanto al animal como a usted. La efectividad yace en el equilibrio.[7]

~

La gente altamente efectiva comparte siete hábitos. El primer hábito dice: "Usted es el programador"; el segundo hábito afirma: "Formule el programa", y luego el tercer hábito declara: "Ejecute el programa", "Viva el programa". El séptimo hábito es el paradigma del mejoramiento continuo e íntegro de la persona; representa la educación, el aprendizaje y el compromiso renovado.[7]

~

Todos los consejos bienintencionados del mundo valen menos que un comino si no enfrentamos el problema de raíz.[7]

~

El verdadero problema es la creencia de que el problema está en el exterior.[7]

≈

La gente efectiva no ve problemas, sino oportunidades. Ellos robustecen las oportunidades y debilitan los
problemas.[7]

≈

El hábito es aquella intersección entre conocimiento
(qué hacer), habilidad (cómo hacerlo) y deseo (querer
hacerlo).[7]

≈

¿Cuánta energía negativa suele gastarse cuando la gente trata de resolver problemas o tomar decisiones dentro de una realidad interdependiente? ¿Cuánto tiempo
se desperdicia en confesar los pecados ajenos, en la
politiquería, en la rivalidad, en el conflicto interper-
sonal, en cuidarse las espaldas, en maquinaciones y en
criticar las decisiones de los demás? Es como intentar
conducir por la avenida con un pie en el acelerador y el
otro en el freno.[7]

≈

Durante la vida entera hay etapas o procesos de crecimiento y desarrollo. Lo sabemos y aceptamos en lo que
respecta a las cosas materiales, pero comprenderlo en
las cuestiones emocionales, en las relaciones humanas,
e incluso en lo espiritual, es mucho menos común y
más difícil.[4]

≈

El pensamiento independiente por sí solo no se adapta a una realidad interdependiente. Las personas independientes que carecen de la madurez para pensar y actuar de forma interdependiente pueden ser buenas productoras a nivel individual, pero no serán buenos líderes ni compañeros de equipo. Sus acciones no provienen del paradigma de la interdependencia que es necesario para triunfar en el matrimonio, la familia o la realidad organizacional.[7]

≈

Es posible estar ocupado —demasiado ocupado— sin ser lo suficientemente efectivo.[7]

≈

Viva, ame, ría, deje un legado.[6]

≈

La gente está trabajando más arduamente que nunca, pero, al carecer de claridad y visión, no logra llegar muy lejos. En esencia, se empeñan en patear el aire con todas sus fuerzas.[8]

≈

La gente se siente mejor consigo misma cuando es buena para hacer algo.[8]

~

Hay quienes tienen fortaleza de carácter, pero carecen de competencias para comunicarse, y eso, sin duda, afecta también la calidad de sus relaciones.[3]

~

Lo principal es no perder de vista que lo principal es lo principal.[1]

~

No hay una solución rápida para los problemas crónicos. Para resolverlos, debemos aplicar procesos naturales. La única forma de cosechar en otoño es plantar en primavera, y regar, desbrozar, cultivar y fertilizar durante el largo verano.[3]

~

No hay mejor forma de alimentar y expandir la mente de forma regular que hacerse el hábito de leer buenos libros.[7]

~

Mantener el equilibrio entre los huevos de oro (la producción) y la salud y el bienestar de la gallina (capacidad de producción) implica, con frecuencia, tomar decisiones difíciles. Sin embargo, considero que es la esencia misma de la efectividad.[7]

~

Vivimos en el mundo de atajos. ¿Se imagina a un granjero *apurando* la siembra en pleno otoño para cosechar en la misma temporada, cual estudiante universitario que trata de aprender todo el curso un día antes del examen? ¿O a un maratonista *fingiendo* su velocidad y resistencia? ¿O a un pianista *aparentando* su habilidad y destreza en medio de un concierto?[4]

~

Cuando se trata de desarrollar la fortaleza del carácter, la seguridad interna y los talentos y habilidades únicas de un niño, no hay institución que pueda o logre compararse con el potencial que tiene su propio hogar para influir positivamente en él.[21]

~

Usted puede ser una persona de transición: un cambio positivo entre el pasado y el futuro. Puede poner un alto a las tendencias negativas que han sido transmitidas en su familia por generaciones. Y ese cambio en usted puede afectar a muchas, muchas personas por venir.[7]

EL PRINCIPIO
DE EMPATÍA

*Imagine que ha estado teniendo problemas de la vista
y decide consultar a un oftalmólogo. Tras escuchar bre-
vemente sus lamentos, el médico se quita las gafas y se
las entrega.*

*—Póngaselas —le dice el doctor—. Llevo diez años
utilizando este par de gafas y me han sido de gran ayuda. Tengo otro par en casa, así que puede quedarse con
éste.*

*Usted se pone las gafas, pero eso sólo empeora el pro-
blema.*

—¡Esto es terrible! —afirma—. ¡No veo nada!

*—¿Qué tienen de malo? —le pregunta el médico—.
A mí me funcionan de maravilla. Esfuércese más.*

—Lo hago —insiste usted—. Pero todo se ve borroso.

*—¿Entonces cuál es su problema? Piense de forma
positiva.*

—OK. Pienso positivamente que no veo nada.

*—Caray, si será ingrato —le reclama el médico—.
¡Después de todo lo que he hecho por usted!*

*¿Cuántas probabilidades hay de que regrese a con-
sultar a este oftalmólogo cuando necesite ayuda? Me*

imagino que serán pocas. No se puede confiar mucho en alguien que no hace un diagnóstico antes de recetar el tratamiento.

Reflexionemos: en términos de comunicación, ¿cuántas veces recetamos el tratamiento antes de hacer el diagnóstico?[7]

~

Conforme le dé menor importancia a lo que la gente piense de usted, le importará más lo que los otros piensen de sí mismos.[7]

~

Seguramente, en algún punto de su vida, hubo alguien que creyera en usted cuando usted había perdido la fe en sí mismo.[7]

~

Ser influenciable es la clave para influir en los demás.[7]

~

No se deje seducir por su autobiografía.[21]

~

Escuchar con empatía implica hacerlo con la intención de comprender al otro. Es decir, el objetivo primordial es entender de verdad. Escuchar con empatía es la forma de acceder a un marco de referencia ajeno, lo cual le permite a usted ver a través de dicho marco, percibir el mundo de la forma en la que lo hace el otro, comprender su paradigma y entender cómo se siente.[7]

～

La empatía expande el pensamiento. Cuando su cónyuge, colega o amigo se vuelve abierto y transparente frente a usted, lo que hace es inyectar sus puntos de vista en los de usted. Sus verdades ahora le pertenecen a ambos.[5]

～

La empatía es distinta de la simpatía. Esta última implica una especie de acuerdo. La empatía no consiste en estar de acuerdo con alguien, sino en comprender del todo y a profundidad a esa persona, tanto en el plano emocional como en el intelectual.[7]

～

El temor hace nudos en el corazón. Para desatarlos, es necesario que las relaciones sean sinceras, genuinas, honestas y reafirmantes. En realidad, no se trata en lo más mínimo de una cuestión de comprensión intelectual.[4]

～

He establecido como tarea regular hacerles entrevistas a mis hijos. La regla fundamental de dichas *entrevistas* es que sólo los escucho y hago el intento de comprenderlos. No es una ocasión para sermonearlos, educarlos o disciplinarlos —pues hay otros momentos para eso—, sino sólo para escucharlos, entenderlos y lograr empatizar con ellos. En ocasiones, experimento un fuerte impulso por involucrarme, darles enseñanzas, juzgarlos o sentir simpatía por ellos, pero ya he determinado a nivel interno que durante estas visitas especiales únicamente intentaré comprenderlos.[4]

~

Si alguien extrajera todo el aire que hay en la habitación en donde se encuentra en este momento, ¿qué le ocurriría a usted? Lo único que le importaría sería obtener oxígeno; la supervivencia sería su única motivación. Pero, dado que ahora tiene aire, éste no lo motiva. Ésta es una de las mayores enseñanzas en el campo de la motivación humana: las necesidades satisfechas no suscitan la motivación; sólo aquellas que no han sido satisfechas motivan. Además de la supervivencia física, la segunda necesidad humana es la supervivencia psicológica: ser comprendido, reconocido, validado y apreciado. Cuando usted escucha con empatía al otro, es como si le diera una bocanada de aire psicológico.[7]

~

Si debiera resumir en una oración el principio más importante que he aprendido en el campo de las relaciones interpersonales, sería ésta: procure primero comprender, y luego ser comprendido.[7]

~

Si valora la relación que tiene con la otra parte en una negociación, se dará a la tarea de escucharlo de forma activa, reflexiva y empática. No lo hará de manera superficial, ni esperará la oportunidad para señalarle sus errores. Mostrará su empatía hacia el otro porque ése es el tipo de persona que usted es, no porque le resulte conveniente.[5]

~

La mayoría de las discusiones no son por verdaderos desacuerdos, sino que representan pequeñas batallas de egos y malos entendidos.[4]

~

Un día, al finalizar una ponencia, un colega de la facultad me habló de la mala relación que tenía con su hijo.

—Comprendo a mi hijo —me dijo—. He vivido lo suficiente como para saber exactamente qué tipo de problemas tiene. Percibo los peligros y las dificultades a los que se enfrentará si no sigue mis consejos.

—¿Por qué no imaginas que en realidad no comprendes a tu hijo, y comienzas desde abajo, a escucharlo, sin emitir juicios de tipo moral? —le sugerí.

—Dudo que funcione —me respondió—, pero lo intentaré.

Esa noche, alrededor de las ocho, su hijo le dijo:

—Papá, creo que no me comprendes en lo absoluto.

Mi colega me compartió que en ese momento no quería pasar por todo el embrollo, pero que se había prometido que escucharía a su hijo.

—Está bien, hijo. Supongamos que no te comprendo. Cuéntame entonces sobre ti.

La conversación duró tres horas y media.

Después, me expresó con gratitud que nunca se había dado cuenta de que no conocía en realidad a su hijo, de que nunca le había permitido expresarse ni ser él mismo.

—Mi hijo y yo nos hemos reencontrado. Ahora somos amigos de nuevo.[4]

~

La mayoría de la gente no escucha a los otros con la intención de comprenderlos, sino sólo de responderles. Mientras oyen, están hablando o preparándose para hacerlo. Filtran todo a través de sus propios paradigmas y ven reflejada su autobiografía en la vida de los demás.[7]

~

La misión de uno puede ser lo insignificante para otro. Tal vez mientras usted se encuentra trabajando en un proyecto de prioridad absoluta, su hijo de seis años llegue a interrumpirlo con algo que pueda parecer trivial, pero que es de gran importancia desde el punto de vista del niño.[7]

~

Nuestras conversaciones suelen convertirse en monólogos colectivos; en realidad, nunca comprendemos lo que está ocurriendo al interior de otro ser humano.[7]

~

En el fondo, la gente es muy sensible y compasiva. No creo que la edad o la experiencia hagan alguna diferencia a este respecto. Al interior de quienes tienen la apariencia más endurecida e insensible, hay emociones y afectos que provienen del lado más sensible del corazón.[7]

~

Por lo regular, el comportamiento de las personas se basa en cómo se sienten, más que en cómo piensan. A menos de que haya sentimientos positivos entre la gente, es imposible que razone de forma inteligente.[4]

~

La gente suele transformarse según la forma en que se le trate o en que se piense de ella.[21]

∽

La rebelión no es un nudo en la mente, sino en el corazón.[7]

∽

Procure primero comprender, y luego ser comprendido.[7]

∽

La regla de oro es: "Todas las cosas que queráis que los hombres hagan con vosotros, así también haced vosotros con ellos". Aunque de forma superficial esto parezca implicar que debemos hacer por los demás lo que nos gustaría que ellos hicieran por nosotros, creo que el significado más esencial es que debemos comprenderlos a profundidad como individuos, de la forma en que nos gustaría que nos comprendieran, y tratarlos en función de ese entendimiento.[7]

∽

Mientras más comprenda a los otros, más los apreciará y sentirá una mayor veneración hacia ellos. Tocar el alma de otro ser humano es una manera de poner pie en tierra santa.[7]

~

Cuando alguien esté sufriendo en verdad y usted lo escuche con un deseo auténtico de comprenderlo, le sorprenderá la velocidad con la que esa persona abre su corazón. Todos deseamos abrirnos, capa por capa; es como pelar una cebolla hasta llegar al delicado núcleo.[7]

~

Cuando el ambiente está cargado de emociones, los intentos por ofrecer una enseñanza suelen ser percibidos como juicios o formas de rechazo.[7]

~

En momentos en los que tenemos problemas al interactuar con otros, nos volvemos más consciente de lo agudo que es el dolor: por lo regular es intenso y deseamos que desaparezca. Es entonces cuando intentamos aliviar los síntomas con técnicas y soluciones rápidas; utilizamos banditas de la ética de la personalidad. No comprendemos que el dolor agudo es una manifestación de un problema más profundo y crónico.[7]

~

Cuando decir "no hay trato" es una de sus opciones, puede afirmar con honestidad: "Sólo me interesa un acuerdo ganar-ganar. Deseo ganar y deseo que usted también gane. No quisiera hacer mi voluntad y que usted se sintiera mal al respecto, pues a la larga sus sentimientos negativos saldrían a la superficie. Por otro lado, no me agradaría que usted hiciera su voluntad a expensas mías, así que busquemos un acuerdo del tipo ganar-ganar. Hagamos un esfuerzo para lograrlo y, si no es posible, acordemos que no habrá trato en lo absoluto. Sería preferible que no hubiera trato alguno que vivir con una decisión que no haya sido la indicada para ambos. De ese modo, quizá en otra ocasión podamos ponernos de acuerdo".[7]

≈

Las palabras son como huevos que han sido lanzados desde una gran altura. Es tan imposible retirarlas como ignorar el caos que han generado al caer.[21]

≈

Cuando se trata de la gente, no se puede pensar en términos de eficiencia. En el caso de las personas, hablamos de efectividad, y de eficiencia, en cuanto a las cosas.[7]

≈

Un padre de familia me dijo en una ocasión:

—*No comprendo a mi hijo. No me escucha en lo absoluto.*

—*Permítame reformular lo que acaba de decir* —*le contesté*—. *¿No comprende a su hijo porque él no lo escucha a usted?*

—*Así es* —*respondió.*

—*Intentémoslo de nuevo* —*dije*—. *¿No comprende a su hijo porque él no lo escucha a usted?*

—*Eso es lo que dije* —*contestó con impaciencia.*

—*Creía que para comprender a alguien más se necesitaba escucharlo* —*le sugerí.*

—*¡Oh!* —*exclamó. Luego hubo una larga pausa*—. *¡Oh!* —*dijo de nuevo, al empezar a iluminarse.*[7]

EL PRINCIPIO
DE INTEGRIDAD

Una vez, mientras abordaba un taxi afuera de un hotel en Canadá, el botones le dijo al chofer: "Lleve al doctor Covey al aeropuerto". El chofer asumió que yo era médico y comenzó a contarme sus problemas de salud. Intenté explicarle que no era ese tipo de doctor, pero no hablaba muy bien inglés y no pudo entenderme. Así que sólo lo escuché.

Me contó de sus achaques y dolores, y que veía doble. Mientras más hablaba, más me convencía de que sus problemas se debían a una conciencia poco saludable. Se quejaba de tener que engañar al sistema para cobrarles a sus pasajeros.

—No voy a seguir las reglas, yo sé cómo cobrar el pasaje —luego su expresión se tornó seria—. Pero si la policía me encuentra, me voy a meter en problemas. Perderé mi licencia. ¿Qué opina usted, doctor?

—¿No cree que la principal fuente de estrés y tensión es que no está siguiendo lo que su conciencia le dicta? —le contesté—. En el fondo, usted sabe qué tiene que hacer.

—¡Pero no puedo vivir así!

Le dije de la paz mental y la sabiduría que surge de actuar en función de lo que dicta la conciencia.

—No haga trampa. No mienta. No robe. Trate a todos con respeto.

—¿Realmente cree que funcionará?

—Estoy seguro de que sí.

Al llegar a mi destino no quiso aceptar propina. Sólo me abrazó y me dijo:

—Voy a seguir su consejo. Ya me siento mejor.[2]

~

"De adentro hacia afuera" significa empezar por uno mismo; de forma más específica, es comenzar con la parte más interna del ser: con los paradigmas, el carácter y los motivos. El verdadero problema es la creencia de que el problema está en el exterior. Les concedemos a las cosas externas el poder de controlarnos. El paradigma del cambio es "de afuera hacia adentro"; lo que está afuera debe cambiar antes de que podamos cambiar nuestro interior.[7]

~

Una vida llena de pretensiones no es más que una faena tortuosa.[4]

~

Ir a misa no necesariamente implica vivir bajo los principios que se inculcan en dicha ceremonia. Se pue-

de ser miembro activo de una iglesia sin participar de
su evangelio.[7]

~

Asistir a la iglesia no es sinónimo de espiritualidad individual. Hay personas que se concentran tanto en el
culto y los proyectos de su iglesia que se vuelven insen-
sibles ante las necesidades humanas más apremiantes
a su alrededor, lo cual contradice los preceptos mismos
que profesan con tanto fervor.[7]

~

No justifique las debilidades ajenas ni las propias.
Cuando cometa un error, admítalo, corríjalo y aprenda
de él, de inmediato.[7]

~

Desde el nacimiento, pertenecemos a toda serie de
instituciones sociales. Cada una valora o juzga a sus
miembros. Dichos juicios se acumulan y, en conjunto,
determinan, definen o etiquetan a las personas.[4]

~

La frustración es una proyección de nuestras expectativas, las cuales, a su vez, son un reflejo del espejo
de la sociedad, más que de nuestros propios valores y
prioridades.[7]

≈

Ser honesto es decir la verdad; dicho de otro modo, ajustar nuestras palabras a la realidad. Ser íntegro implica ajustar la realidad a nuestras palabras; dicho de otro modo, mantener nuestras promesas y estar a la altura de las expectativas. Esto significa tener un carácter integral y unitario, congruente con uno mismo y con la vida.[7]

≈

La humildad es la mayor de las virtudes, pues de ella provienen todas las demás.[21]

≈

Al intentar ser todo para los demás, se termina siendo nada para todos, en particular para uno mismo.[3]

≈

Cuando desarrollamos la autoconciencia, muchos descubrimos que hay guiones poco eficientes o hábitos fuertemente arraigados que no son dignos de nosotros y son del todo incongruentes con las cosas que en verdad valoramos en la vida.[7]

≈

En última instancia, lo que somos es mucho más elocuente que cualquier cosa que digamos o hagamos.[7]

~

La lealtad no es un valor que deba estar por encima
de la integridad; de hecho, la integridad auténtica se
traduce en lealtad. Cualquiera desearía que su médico
le dijera la verdad, aun si prefiriera no escucharla.[8]

~

Hágase una pequeña promesa y manténgala; después
una más grande y luego una de mayor proporción. A la
larga, su sentido del honor superará sus estados de ánimo; cuando eso ocurra, descubrirá la verdadera fuente
de poder: la autoridad moral.[8]

~

Muchos creen que lo único que necesitan para triunfar
es talento, energía y personalidad. Sin embargo, la historia nos ha enseñado que, a la larga, quienes somos es
más importante que quienes aparentamos ser.[8]

~

Muchas personas con una grandeza secundaria —es
decir, cuyos talentos son reconocidos por la sociedad— carecen de grandeza primaria o de un carácter

bondadoso. Tarde o temprano, esto se hará evidente en cualquier relación que establezcan, ya sea con un socio, un cónyuge, un amigo o un hijo adolescente con una crisis de identidad. El carácter es más elocuente que cualquier otra forma de comunicación.[7]

~

No es sorprendente que muchas personas padezcan ansia o temor, y, por tanto, vivan para impresionar a otros o aparentar ser distintas. Sus vidas se ven conmocionadas por las cambiantes fuerzas externas, en vez de estar ancladas en su inmutable valor intrínseco.[4]

~

Una de las principales formas de manifestar la integridad es ser leal a quienes no se encuentran presentes. Al serlo, se construye la confianza con aquellos que sí lo están. Cuando se defiende a los ausentes, se conserva la confianza de los presentes.[7]

~

Nuestro carácter es un compendio de nuestros hábitos. Puesto que son patrones consistentes y, por lo regular, inconscientes, expresan nuestro carácter con frecuencia, si no es que todos los días.

La gente no puede lidiar con el cambio si no posee en su interior un núcleo inmutable. La clave de la capacidad para cambiar es tener un sentido inalterable de quién se es, de lo que se anhela y de lo que se valora.[7]

~

La gente con principios no es extremista. No piensa en términos de todo o nada. No divide las cosas en bueno o malo, blanco o negro. Más bien, ve continuidades, prioridades, jerarquías.[3]

~

Entre más le importe lo que otros piensen de usted, menos podrá darse el lujo de darle importancia, pues se habrá vuelto demasiado vulnerable a ello.[3]

~

La raíz de los problemas que enfrentamos en el mundo, en la vida de nuestras naciones y en nuestra vida familiar y personal es de tipo espiritual. Al igual que las hojas de un árbol, dichos problemas se manifiestan como síntomas sociales, económicos y políticos. Sin embargo, su fundamento es moral y espiritual, y residen primero en cada individuo, y luego al interior de las familias.[4]

~

La persona que no ha logrado realizarse prefiere sentarse a mirar las vidas ajenas. Representa un papel tras otro, y pronto pierde noción de su propio rol y se percibe sólo como los demás desean que sea.[4]

~

La virtud se pierde poco a poco, de forma gradual.[4]

~

Una victoria pública no es exitosa —es decir, una tarea valiosa no se logra— a menos de que se alcance con éxito una victoria privada.[4]

~

Se habla de robo de identidad cuando alguien hurta las identificaciones de otro y se hace pasar por él. Sin embargo, el robo de identidad más serio ocurre cuando nos vemos envueltos en la definición que alguien más tiene de nosotros.[5]

~

Cuando tomamos prestada la fortaleza de la marca que ostenta nuestra playera, suéter, zapatos o vestido; de nuestra vinculación con algún club; de nuestra posición de influencia, poder y prestigio; de nuestro auto, nuestra hermosa casa o cualquier otro símbolo del éxito; de nuestra belleza física, vestimenta y apariencia a la moda, buen verbo, títulos o credenciales, lo hacemos para compensar la pobreza y el vacío interiores. De este modo, reforzamos nuestra dependencia de estos símbolos, de las apariencias con las que vivimos, de los valores extrínsecos, y, por tanto, forjamos nuestra debilidad interior.[4]

~

La sabiduría es hija de la integridad, de la integración en torno a principios. Y, a su vez, la integridad es hija de la humildad y el coraje. De hecho, se podría decir que la humildad es la madre de todas las virtudes, pues con ella se reconoce la existencia de leyes o principios naturales que gobiernan el universo. Son éstos quienes están al mando. El orgullo nos hace pensar que somos quienes tenemos el control. Sin embargo, la humildad nos enseña a comprender y a vivir en función de ciertos principios, pues son éstos los que determinan las consecuencias de nuestras acciones. Si la humildad es la madre, entonces el coraje es el padre de la sabiduría, porque se requiere de mucho coraje para vivir con base en estos principios, dado que se oponen a las convenciones, normas y valores sociales.[8]

~

Es posible usar la argumentación para salir de un problema en el que nos hemos metido por culpa de nuestro comportamiento.[7]

∼

Uno decide cuáles son sus principales prioridades y tiene el coraje de decir que *no* a otras cosas, sin disculparse, con una sonrisa y con simpatía. Para ello, se necesita tener un *sí* imperante a nivel interno.[7]

∼

Los problemas comienzan en el corazón de uno mismo.[4]

EL PRINCIPIO
DE LIDERAZGO
~

Me encontraba en una visita con los principales ejecutivos de una empresa grande, a los cuales les pedí que me mostraran la misión de la compañía. Decía algo así como: "Maximizar el valor en favor de los accionistas".

—¿A todos ustedes les inspira esta frase? —les pregunté.

Con una sonrisa, me contestaron:

—Hay otra frase que pegamos en las paredes. Pero ésta es bajo la cual nos regimos los líderes de la empresa.

—Permítanme describirles su cultura corporativa —les dije—. Están divididos. Si existe un sindicato, los inundan los problemas que éste genera. Están estáticos, a la defensiva, usando la técnica del incentivo y el castigo para lograr que sus empleados hagan su trabajo. Invierten una cantidad inmensa de energía negativa en los conflictos interpersonales, las rivalidades interdepartamentales, las intenciones ocultas y los juegos políticos.

Sorprendidos por mis habilidades predictivas, me respondieron:

—¿Cómo es que sabes tanto? ¿Cómo es que puedes describirnos con tanta precisión?

*—No necesito saber mucho de ustedes o de la indus-
tria en la que trabajan. Me basta con conocer la naturaleza humana.*[8]

~

Siempre trate a sus empleados de la forma exacta en la
que desea que ellos traten a los mejores clientes.[7]

~

Los líderes ¿nacen o se hacen? La dicotomía misma es
falsa; los líderes ni nacen ni se hacen. Los líderes eligen
serlo.[8]

~

La autoridad moral cultural siempre se desarrolla a
menor velocidad que la autoridad moral institucional
o visionaria.[8]

~

El liderazgo efectivo implica poner lo primero por de-
lante. La gestión efectiva requiere disciplina para llevar a cabo las cosas.[7]

~

Desde mi punto de vista, el liderazgo no implica ser
CEO de una empresa. Un CEO es tan líder como cual-

quiera. A lo que me refiero es a tomar las riendas de la vida de uno mismo, a ser un líder entre los amigos y dentro de la familia misma.[5]

~

Si usted pone a una buena persona dentro de sistemas dañinos, los resultados serán malos. Se debe regar las flores para que crezcan.[7]

~

En la era industrial, el liderazgo era una posición. En la era del conocimiento, el liderazgo es una elección.[13]

~

Para un líder orientado a las tareas, es fácil seguir impulsando las cosas e ignorar involuntariamente los sentimientos que surgen y las relaciones que se desarrollan en el proceso.

Los líderes suelen dejarse llevar por los vientos de la doctrina de liderazgo en boga. ¿Deberían ser más democráticos o más autocráticos en sus acciones? ¿Más firmes o más permisivos? ¿Decir más o preguntar más? ¿Cuáles son las mejores técnicas para lograr que la gente haga las cosas? Éstas son preguntas importantes que deben ser tomadas en cuenta, pero en realidad son secundarias. La pregunta primordial es: ¿cuánto le importa a usted en realidad?[4]

≈

Los líderes que sólo se interesan en los demás porque deben hacerlo están equivocados y, por tanto, no alcanzarán el éxito. Su equivocación radica en que el aprecio por la gente es un fin en sí mismo. Y no tendrán éxito porque serán descubiertos.

≈

El liderazgo es una elección que se encuentra en el intersticio entre el estímulo y la respuesta.[8]

≈

El liderazgo es el arte mayor por excelencia, por el simple hecho de que permite el funcionamiento de todas las otras artes y profesiones.[8]

≈

La administración actúa al interior del sistema, mientras que el liderazgo lo hace por sobre él.[1]

≈

Sólo cuando la gente se involucra de forma honesta y significativa, está dispuesta a comprometerse y dar lo mejor que hay dentro de sí.[4]

≈

En este mundo tan enrevesado... confundimos eficiencia con efectividad, conveniencia con prioridad, imitación con innovación, cosmética con carácter y pretensión con capacidad.[3]

≈

Algunos líderes se inclinan por la *gestión champiñón*: "Mantener a las personas en la penumbra, echarles pilas de estiércol encima y, cuando estén al punto, cortarles las cabezas y enlatarlas".[3]

≈

El problema actual del liderazgo es que los líderes siguen aplicando el modelo de control de la era industrial a los trabajadores del conocimiento. No logran acceder a las principales motivaciones, talentos y genialidad de su gente.[8]

≈

La ideología detrás de nuestro sistema contable es estúpida. La gente es un gasto y las cosas son una inversión, cuando en realidad es a la inversa.[14]

≈

El liderazgo consiste en comunicarle a los demás su valor y potencial de forma tan clara que aprendan a verlos en sí mismos.[9]

~

El trabajo verbal, lógico y analítico suele realizarlo el hemisferio cerebral izquierdo; si es de tipo más bien intuitivo, emotivo o creativo, lo lleva a cabo el hemisferio derecho. Mi sugerencia es: gestionar con el izquierdo, liderar con el derecho.[3]

~

Cuando los padres ven los problemas de sus hijos como oportunidades para construir la relación con ellos, en vez de considerarlos una carga irritante y negativa, la naturaleza de la interacción padres-hijos cambia por completo. Entonces, cuando el hijo llega a contarles un problema, no piensan: "Oh, no. Otro problema no, por favor", sino que lo hacen desde el paradigma de: "Aquí hay una gran oportunidad para ayudar a nuestro hijo e invertir en nuestra relación".[7]

~

Muchos de nosotros nos curamos en salud al hablar de la importancia de la responsabilidad parental, mientras le imprimimos la mayor parte de nuestra energía, entusiasmo, tiempo y lealtad a nuestra profesión.

Abordamos el trabajo con una planeación cuidadosa, hacemos uso de los mejores sistemas, mantenemos registros escrupulosos e invertimos tiempo en analizar los problemas; sin embargo, en lo relativo al desarrollo del carácter de nuestros propios hijos, podemos pasar días y días sin auténticamente analizar, planear, guardar registros o usar un sistema inteligente.[4]

Es posible comprar la mano de obra de alguien, pero no su corazón. En el corazón se encuentran el entusiasmo y la lealtad. Se puede comprar su esfuerzo, mas no su cerebro. En él están la creatividad, el ingenio y los recursos intelectuales.[7]

No se puede cambiar la fruta sin modificar primero la raíz.[7]

Se puede entender la diferencia fundamental entre liderazgo y gestión si se imagina a un grupo de personas que se abren paso en medio de la selva con machetes. Ellos son los productores, quienes solucionan los problemas y abren el camino al eliminar la maleza.

Los gestores vienen detrás, afilando los machetes, redactando manuales de políticas y procedimientos, fomentando los programas de desarrollo muscular, implementando nuevas tecnologías y estableciendo horarios de trabajo y programas de indemnización para quienes ostentan los machetes.

El líder es aquel que se sube al árbol más alto, inspecciona la situación en su totalidad y grita: "¡Selva incorrecta!" Sin embargo, los ocupados y eficientes productores y gestores suelen responder: "¡Cállate! Estamos progresando".[7]

EL PRINCIPIO
DE APRENDIZAJE
~

Cada dos años, los estudiantes del Instituto Indio de Administración, en Ahmedabad, hacen un peregrinaje al campo durante ocho o diez días. En este shodhyatra, *o caminata, los estudiantes peregrinos buscan terceras alternativas: una idea descabellada, una creación novedosa o extraña que surja de la necesidad de los habitantes de poblaciones alejadas de las metrópolis indias. A los* shodhyatris *les fascina hasta la más mínima desviación positiva. Si encuentran alguna práctica o mecanismo inusuales que hayan sido inventados por un campesino o empleado de un taller, se lo llevan consigo para compartirlo a través de la Red de Abejas Productoras de Miel, una organización nacional que se dedica a impulsar el conocimiento nuevo...*

Los shodhyatris *se dedican con empeño a llevar registro de remedios herbales, usos inusuales de motores pequeños (como un Walkman de Sony que se usaba para propulsar un pequeño ventilador) e incluso recetas locales de curry. A veces también se encuentran con pequeños milagros, como un niño que puede recitar los nombres y usos de más de trescientas plantas regionales.*

A menudo se topan con ideas verdaderamente innovadoras que pueden transformar la vida de los pobres. Un descubrimiento exitoso fue el refrigerador "Mitti Cool", de Mansukh Prajapati, hecho con una ingeniosa vasija rectangular de barro que no requiere electricidad; hoy en día se utilizan miles de ellas. Él también inventó un arado jalado por una motocicleta y una sartén de barro antiadherente que, al parecer, funciona tan bien como una de teflón, pero cuesta sólo un dólar.

El inventor de un mecanismo para treparse a los cocoteros se encuentra ahora exportándolo a todo el mundo. Una crema herbal para curar salpullidos que se inventó en una pequeña población agrícola se ha vuelto popular a nivel internacional. Otro hombre inventó una bicicleta anfibia para cruzar el río y ver a su novia.

—Ya no podía esperar al bote —afirma—. Necesitaba ver a la mujer de mis sueños. La desesperación me convirtió en un innovador. Hasta el amor necesita ayuda de la tecnología.[5]

El enfoque proactivo ante un error implica reconocerlo de inmediato, corregirlo y aprender de él. De ese modo, el fracaso se transforma en éxito.[7]

Admitir nuestra propia ignorancia es dar el primer paso en nuestra educación.[7]

Casi cualquier descubrimiento significativo en el campo de la ciencia es, en primer lugar, un rompimiento con la tradición, con las formas anticuadas de pensamiento, con los paradigmas antiguos.[7]

≈

Eduque y obedezca a su conciencia. Para hacer lo primero, estudie los libros que más lo inspiren. Después, obedézcala. Poco a poco, a medida que lo haga, obtendrá más conocimiento. La luz se hará cada vez más brillante.[21]

≈

Educar al corazón es un complemento fundamental para educar a la mente.[1]

≈

Creo en la posibilidad de cierto sistema de educación autodidacta, que no necesariamente requiere clases o cursos formales, sino que puede consistir en grupos de discusión informales o programas de lectura bien estructurados. Sin embargo, si no se tiene algún sistema o disciplina externa, la mayoría de los adultos tiende a darse por vencida tras un buen comienzo y se repliega hacia sus costumbres anteriores.[4]

≈

Si no educamos a nuestros hijos, la sociedad lo hará, y tanto ellos como nosotros tendremos que vivir con las consecuencias de dicha educación.[6]

~

Si organiza su vida familiar para dedicarle al menos diez o quince minutos en las mañanas a leer algo que lo conecte con los principios universales, es casi un hecho que tomará mejores decisiones durante el día, tanto en la casa como en el trabajo y en cualquier otro aspecto de su vida. Sus pensamientos estarán elevados, sus interacciones serán más satisfactorias y tendrá una perspectiva más amplia. Expandirá el espacio entre lo que le ocurre y su respuesta ante ello. Se conectará más con lo que en verdad importa.[6]

~

El principal valor de la educación no es de tipo financiero u ocupacional, sino personal y espiritual, así como forjador del carácter. Es aquel que nos impulsa a convertirnos en mejores maridos y padres, esposas y madres, y ciudadanos. Nos permite aprender a pensar de forma analítica y creativa, a escribir y comunicarse de manera clara y convincente, a leer con una perspectiva crítica. A través de él, desarrollamos una forma de pensar la vida y sus problemas. Nuestro conocimiento fundamental se hace más profundo y amplio, y nuestros horizontes se elevan. Nuestra capacidad de sentir aprecio y simpatía aumenta. Nos permite convertirnos en seres humanos más sabios, capaces, íntegros y satisfechos, en todos los aspectos.[4]

≈

Tener conocimiento y no actuar equivale en realidad a carecer de conocimiento.[7]

≈

El conocimiento verdadero es un estado del ser.[4]

≈

Cuando el presidente de Estados Unidos me preguntó qué se necesitaba para mejorar la educación en nuestro país, le contesté: "Una auténtica vinculación entre instituciones educativas y padres de familia para educar a los niños de forma integral, lo cual incluye desarrollar tanto su fortaleza de carácter como las competencias que requieren para triunfar en el siglo XXI".[15]

EL PRINCIPIO
DE AMOR

En una ocasión, un hombre me llevó a un espacio apartado para confiarme algo personal.

—Mi esposa y yo ya no sentimos lo mismo que antes el uno por el otro. Supongo que ya no la amo y que ella no me ama más. ¿Qué puedo hacer?

—¿El sentimiento ha desaparecido? —le pregunté.

—Así es —me respondió—. Y tenemos tres hijos por los cuales estamos muy preocupados. ¿Qué me sugiere?

—Ámela —le contesté.

—Pero ya le he dicho que el sentimiento ha desaparecido.

—Ámela —repetí.

—Usted no entiende. El amor se ha desvanecido.

—Ámela entonces. Si el sentimiento se ha esfumado, es una buena razón para traerlo de vuelta.

—Pero, ¿cómo se ama cuando no se ama?

—Amar es un verbo, amigo mío. El amor, el sentimiento, es fruto del verbo amar. Así que ámela, sírvala, sacrifíquese por ella, escúchela, póngase en sus zapatos, valórela y apóyela. ¿Está dispuesto a hacerlo? [7]

La manera en la que trata a uno revela la forma en la que estima al resto, pues, en última instancia, cada uno de nosotros es un *uno*.[7]

~

Tengo un amigo cuyo hijo desarrolló un ávido interés por el beisbol. A mi amigo no le interesaba ese deporte en lo absoluto, pero dedicó parte de un verano a llevar a su hijo a un partido de cada equipo de la liga mayor. El viaje duró más de seis semanas y fue bastante costoso, pero se convirtió en una poderosa experiencia que fortaleció su relación. Al volver, otro amigo le preguntó:

—¿En verdad disfrutas tanto el beisbol?

—No —le contestó—. Pero sí disfruto mucho a mi hijo.[7]

~

Si hago depósitos de cortesía, amabilidad, honestidad y compromiso en la cuenta bancaria emocional que comparto con usted, consolido una reserva. Su confianza en mí se incrementará, y yo puedo apelar a dicha confianza cuantas veces sea necesario. Incluso puedo cometer errores, pero ese nivel de confianza, esa reserva emocional, los compensará. Tal vez no me comunique con claridad, pero usted me entenderá de cualquier forma. No me "acusará por una palabra". Cuando el valor de confianza es alto, la comunicación es sencilla, instantánea y efectiva.[7]

≈

Si los padres obedecen las leyes del amor, fomentan la obediencia a las leyes de la vida.

Si desea que su hijo adolescente sea más agradable y cooperativo, sea un padre más comprensivo, empático, consistente y afectuoso.[7]

≈

En las relaciones, las cosas insignificantes son las cosas que importan.[7]

≈

El individuo ambicioso se preocupa demasiado por las cosas que le pertenecen. Incluso considera a sus hijos como posesiones, por lo que a menudo intenta imponerles una forma de comportamiento que, a los ojos de otros, lo hace ser más popular y apreciable. Este tipo de amor posesivo es destructor.[4]

≈

Las leyes del amor se reducen, en esencia, a aceptar a los demás como son, escucharlos de forma comprensiva, respetar sus sentimientos y construir relaciones con paciencia y cariño.[4]

~

Thomas Wolfe estaba equivocado: es posible volver al hogar de nuevo, siempre y cuando éste sea una relación atesorada, una compañía preciada.[7]

EL PRINCIPIO
DE POTENCIAL

~

*En el verano de 1988 hubo un incendio en la reserva
natural de Yellowstone, en Estados Unidos. Al principio
nadie se preocupó. Los incendios son comunes ahí y suelen extinguirse solos. Pero éste era diferente. La sequía,
el viento y el exceso de combustible* —árboles viejos y
hojarasca— *se combinaron para crear una ardiente tor-
menta perfecta. Al final del verano se habían quemado
más de un millón de hectáreas, y se creía que Yellowstone* —esa joya de las reservas naturales— *nunca se recu-
peraría de tal destrucción.*

*Sin embargo no fue así. En un año los retoños verdes
de los pinos ya cubrían el paisaje ennegrecido. Hoy, apenas un par de décadas más tarde, bosques nuevos y fres-
cos han reconquistado el terreno. Curiosamente, resulta
que sólo el calor del fuego puede estimular a las semillas
de los famosos pinos de Yellowstone para que vuelvan a
germinar. Como consecuencia del orden natural de las
cosas, el fuego no sólo no destruyó el parque, sino que lo
ayudó a renacer.*

La economía del siglo XXI *nos ha mantenido a todos
a bordo de una montaña rusa, y, al parecer, el estado*

*de turbulencia llegó para quedarse. Para mucha gente
ha sido difícil recuperar el equilibrio ante la desorienta-
ción que ha provocado el giro radical hacia la economía
del conocimiento. Algunos sólo ven desastre, como si,
al igual que se pensó del incendio en Yellowstone, el futuro no deparara más que cenizas. Estas personas sólo
ven millones de empleos desvanecerse cual humo e industrias completas en decadencia: el paisaje económico
parece desértico y estéril.*

*Para otros, el paisaje nunca había sido más verde.
La economía del nuevo siglo, inestable y devastada, al
mismo tiempo ofrece oportunidades que nadie hubiera
soñado, en industrias que hace algunos años ni siquiera existían. Dentro del terreno que parece desastroso
para algunos, otros encuentran las semillas de la re-
novación. ¿Significa esto que los problemas han desaparecido? ¿Acaso el mundo todavía clama por gente
energética e inteligente que haga su trabajo? Por supues-
to que sí.*[2]

≈

Soy más que mis preocupaciones, mi puesto, mi ideología, mi equipo, mi compañía o mi partido políti-
co. No soy víctima de mi pasado. Soy una persona
íntegra, un individuo único, capaz de modelar mi propio destino.[5]

≈

Estoy convencido de que una persona puede ser un catalizador de cambios, un *transformador,* en cualquier situación u organización. Dicho individuo es como levadura que leuda una hogaza entera. Se requiere visión, iniciativa, respeto, persistencia, coraje y fe para ser un líder transformador.[3]

~

Cuando me encuentro frente a un público considerable, con frecuencia les pregunto: "¿Cuántos de ustedes estarían de acuerdo en que la mayoría de la fuerza de trabajo de su organización posee mucho más talento, inteligencia, capacidad y creatividad de lo que su actual empleo le exige o incluso le permite explotar?" Es abrumadora la cantidad de manos que se levantan en el auditorio.[8]

~

Imagine cuál es el costo humano y organizacional que conlleva no involucrar por completo la pasión, el talento y la inteligencia de la fuerza de trabajo. Supera la conjunción de los impuestos, intereses y costos laborales.[8]

~

Nuestro principal activo financiero es la capacidad propia para generar ganancias.[7]

~

El octavo hábito consiste en encontrar su propia voz e inspirar a otros a que hagan lo mismo.[8]

~

Cada quien elige uno de dos caminos en la vida: jóvenes y viejos, ricos y pobres, mujeres y hombres por igual. El primero es el amplio y concurrido camino a la mediocridad; el segundo, el sendero hacia la grandeza y el significado.[8]

~

Su voz propia se encuentra en la unión de talento, pasión, necesidad y conciencia. Cuando usted se involucra en un trabajo que saca provecho de su talento y alimenta su pasión —el cual surge de una gran necesidad existente en el mundo que usted es consciente de que debe satisfacer—, ahí está su voz, su llamado, el código de su alma.[8]

~

Tenemos autoconciencia. Esta conciencia implica que podemos posicionarnos mentalmente fuera de nosotros mismos y evaluar nuestras creencias y acciones. Nos hace capaces de reflexionar acerca de lo que pensamos.[5]

EL PRINCIPIO
DE AUTODISCIPLINA

Un día en el gimnasio, me encontraba haciendo ejercicio con un amigo, quien tiene un doctorado en fisiología del deporte y en ese momento estaba trabajando en incrementar su fuerza. Me pidió que lo monitoreara mientras levantaba pesas y me dijo que en un momento determinado me pediría que retirara la pesa.

—Pero no lo hagas hasta que yo te indique —me dijo contundentemente.

Así que lo observé y esperé, preparado para retirar la pesa. La barra subía y bajaba, subía y bajaba. Noté que cada vez se le hacía más difícil levantarla, pero él seguía esforzándose. Cada vez que comenzaba a levantarla, yo pensaba: "No hay forma de que lo logre". Pero lo hacía. Después la bajaba lentamente y de nuevo comenzaba a levantarla. Subía y bajaba, subía y bajaba.

Al mirar su rostro, constreñido por el esfuerzo y con las venas hinchadas, pensé: "La barra se caerá y le aplastará el pecho. Tal vez debería tomarla. Quizá ha perdido el control y ya no sabe lo que está haciendo". Pero él lograba bajar la barra sin peligro, y luego comenzaba a levantarla otra vez. No podía creerlo.

Cuando por fin me pidió que retirara la pesa, le dije:
—¿Por qué tardaste tanto en pedírmelo?
—Casi todo el beneficio del ejercicio viene al final,
Stephen —me contestó—. Estoy intentando aumentar
mi fuerza, lo cual no ocurre hasta que las fibras muscu-
lares se rompen y los nervios registran el dolor. Entonces
la naturaleza sobrecompensa el daño y, cuarenta y ocho
horas después, las fibras se hacen más resistentes.

Ahora bien, este mismo principio también es apli-
cable a los músculos emocionales, como la paciencia.
Cuando se ejercita la paciencia más allá de los límites, la
fibra emocional se rompe, la naturaleza lo sobrecom-
pensa, y, la siguiente vez que se ejercita, la fibra es más
resistente.[7]

~

Disciplina se deriva del término *discípulo:* discípulo
de una filosofía, de un conjunto de principios, de una
serie de valores, de un propósito preponderante, de un
objetivo superior o de alguien que represente dicho objetivo.[7]

~

Cada mañana me esfuerzo por obtener lo que deno-
mino mi *victoria personal.* Me ejercito en una bicicleta
fija mientras leo la Biblia, por lo menos durante media hora. Luego nado quince minutos y hago yoga en
la parte menos profunda de la piscina durante otros
quince. Después rezo con espíritu receptivo, para es-

cuchar sobre todo a mi conciencia, mientras visualizo cómo será el resto del día, incluyendo las actividades profesionales importantes y las relaciones clave con mis seres queridos, socios y clientes. Me visualizo viviendo bajo los principios correctos y logrando los propósitos más valiosos.[16]

~

Escuche a su propia conciencia en relación con aquello que sabe que debe hacer y después comience con algo pequeño: haga una promesa y cúmplala. Luego avance y haga una promesa más grande, y cúmplala. A la larga, descubrirá que su sentido del honor será más poderoso que sus estados de ánimo, lo cual le brindará la confianza y motivación necesarias para pasar a otras áreas en las que sienta que debe mejorar o prestar sus servicios.[16]

~

La mayoría de la gente equipara la disciplina con falta de libertad. De hecho, en realidad es lo contrario: sólo los disciplinados son auténticamente libres. Las personas indisciplinadas son esclavas de sus estados de ánimo, apetitos y pasiones.[8]

~

La mayoría de la gente afirma que su principal defecto es la falta de disciplina. Al reflexionarlo, he llegado a la conclusión de que es falso. Su principal problema es que sus prioridades no se han arraigado con fuerza en sus corazones y mentes.[7]

～

La organización semanal genera un mayor equilibrio y un contexto más amplio que la organización diaria. La mayoría de la gente piensa en función de una planeación semanal. Parece haber un reconocimiento cultural implícito de que la semana es una unidad de tiempo completa. Las empresas, las escuelas y otras instituciones sociales operan dentro del marco de la semana, y asignan ciertos días para inversiones enfocadas y otros para la relajación y la inspiración.[7]

～

La victoria personal, privada, antecede a la victoria pública. El autocontrol y la autodisciplina son las bases de las buenas relaciones humanas.[7]

～

Sacúdase esas tendencias indisciplinadas hacia la postergación, aquellas inclinaciones hacia la debilidad. Hágalo en privado —pues le advierto que será extenuante, ya que no es una tarea sencilla—, pero dese tiempo para ello y observe la serenidad y el poder que gradualmente formarán parte de su vida.[4]

~

Hace unos años, todos quedamos conmocionados por los viajes a la Luna. Describirlos como algo fantástico *o* increíble *no engloba la experiencia.*

¿En qué parte de estos viajes estelares se gastó la mayoría de la potencia y energía? ¿Al viajar cuatrocientos mil kilómetros a la Luna? ¿Al regresar a la Tierra? ¿Al entrar a la órbita lunar? ¿Al despegar desde la Luna?

No, en ninguna de ellas, ni en todas juntas. Se gastó más energía al despegar de la Tierra, durante los primeros minutos posteriores al despegue, en los primeros kilómetros, que la que se usó en los ochocientos mil kilómetros del viaje que duró varios días. Los hábitos también poseen una fuerza de gravedad tremenda.

Romper con las tendencias habituales más arraigadas, como la postergación, la impaciencia, la crítica, el egoísmo y la vida de excesos, requiere más que una pizca de voluntad y algunos cambios insignificantes en nuestras vidas.[4]

EL PRINCIPIO
DE SINERGIA

Pertenezco a un grupo de líderes mundiales que buscan mejorar las relaciones entre la comunidad islámica y Occidente. A él pertenecen también un ex secretario de Estado norteamericano, varios imanes y rabinos prominentes, líderes de empresas internacionales y expertos en resolución de conflictos. En nuestra primera reunión se hizo evidente que todos tenían sus propias motivaciones ocultas. Fue un evento formal y hermético, y la tensión se respiraba en el ambiente. Esto ocurrió un domingo.

Antes de continuar, les pedí permiso a los miembros del grupo para enseñarles un principio básico, y ellos accedieron de buena gana. Así que les enseñé [el principio de sinergia].

Para la noche del martes, la atmósfera había cambiado. Todos habían dejado a un lado sus motivaciones y llegamos a una conclusión muy emotiva que ninguno de nosotros había anticipado. La habitación estaba inundada de respeto y amor por el prójimo; se veía, se sentía. El ex secretario de Estado me dijo al oído:

—Nunca había experimentado algo tan poderoso. Lo que usted ha logrado aquí podría revolucionar por completo la diplomacia internacional.[5]

≈

Es un hecho que necesitamos las leyes, pues de otro modo la sociedad se deterioraría. Éstas permiten la supervivencia, pero no crean sinergia. Lo más que pueden lograr es el compromiso.[7]

≈

El conflicto es señal de vida. Los conflictos suelen surgir cuando la gente está pensando en verdad en su trabajo. Cuando hablo del *don del conflicto*, la gente me mira recelosa, pero a lo que me refiero es a que las personas reflexivas siempre diferirán entre sí y, si le dan suficiente importancia a expresar sus diferencias con pasión, están haciendo un obsequio que se debe aceptar con entusiasmo.[5]

≈

Cada niño es una tercera alternativa, un ser humano inconfundible y dotado de capacidades que no han existido antes ni se repetirán en el futuro. La suma de las capacidades de los padres no permite predecir las del niño. La combinación única de dotes humanas que se conjuntan en ese niño son únicas en el universo, y el potencial creativo del infante es exponencialmente enorme.[5]

~

¿Cómo se crea una situación ganar-ganar en los negocios? ¿Qué ocurre cuando una de las partes se beneficia más? Cuando una de las partes se beneficia más que la otra, nos encontramos frente a una situación ganar-perder. Para el ganador puede parecer un triunfo por un momento, pero a la larga surgen los resentimientos y la falta de confianza. Para crear una situación ganar-ganar basta con preguntarse: "¿Cómo podemos ganar ambos?" Lo que se busca es una tercera alternativa que sea superior a cualquier cosa que uno pueda generar por sí solo.[17]

~

Si dos personas comparten la misma opinión, una de ellas es prescindible.[7]

~

La gente insegura piensa que la realidad entera debe ajustarse a sus paradigmas. Tienen la gran necesidad de clonar a otros, de moldearlos según su propia ideología. No se dan cuenta de que la fortaleza misma de la relación radica en tener otro punto de vista. La igualdad y la uniformidad no son sinónimo de unidad.[7]

Involucre a las otras personas en el problema, sumérjalas en él, para que se empapen y lo sientan suyo, y tiendan a volverse parte importante de la solución.[7]

≈

¿Es lógico que dos personas no estén de acuerdo en algo, pero ambas tengan la razón? No es lógico, sino psicológico. Y es algo muy real.[7]

≈

Es emocionante escuchar con atención los puntos de vista divergentes y conjuntarlos para encontrar una solución en la que nadie haya pensado antes. Ahora bien, las barreras son las actitudes defensivas, la territorialidad y el síndrome de *eso no fue inventado aquí*.[17]

≈

Mucha gente no ha experimentado en realidad un grado siquiera moderado de sinergia en su vida familiar u otras interacciones humanas. Se les ha impuesto un entrenamiento y guión de comunicación defensiva, así como la creencia de que no se puede confiar en la vida ni en los demás.[7]

≈

La mayoría de los emprendedores tienden hacia la independencia, pues les gusta hacer las cosas por sí solos. Sin embargo, si uno asiste a las reuniones anuales de Entrepreneur of the Year (Emprendedor del Año) se da cuenta de que aquellos que triunfan de manera consistente lo hacen en equipo.[14]

∽

Buena parte de las juntas laborales son pérdidas de tiempo, pues están mal preparadas y, por tanto, abren pocos espacios para la sinergia auténtica, que produce mejores soluciones.[16]

∽

La mayoría de los negociadores intentan obtener beneficios propios. A través del regateo suelen llegar a un convenio, en el que ambas partes ceden algo para lograr un acuerdo. En cambio, la tercera alternativa no exige concesión alguna, pues es en verdad el mejor trato para todos. No se llega a ella por medio del regateo, sino preguntando: "¿Estaría dispuesto a que encontráramos una tercera alternativa que sea mejor que lo que cualquiera de nosotros tiene en mente?"[17]

∽

La victoria pública no es un triunfo sobre otras personas, sino el éxito en la interacción efectiva que trae consigo resultados benéficos para todos los involucra-dos. La victoria pública implica trabajar en conjunto, comunicarse con empatía, lograr que las cosas salgan adelante en conjunto, incluso aquellas que las mismas personas no podrían sacar adelante si trabajaran de forma independiente.[7]

~

La innovación verdadera depende de la sinergia, y ésta, a su vez, requiere de la diversidad. Dos personas que ven las cosas exactamente de la misma forma son inca-paces de sinergizar. En ese caso, uno más uno es igual a dos. Sin embargo, quienes ven las cosas de forma dis-tinta pueden sinergizar, y, para ellos, uno más uno es igual a tres, o diez, o mil.[5]

~

La sinergia está presente en la naturaleza misma. Si siembra dos plantas con poca distancia entre sí, las raíces se entrelazarán y mejorarán la calidad de la tie-rra, por lo que ambas crecerán mejor que si estuvieran separadas. Si pone dos piezas de madera juntas, sos-tendrán mucho más peso que el que soportarían por sí solas. La totalidad es mayor que la suma de sus partes. Uno más uno es igual a tres o más.[7]

~

Sinergia no es sinónimo de conciliación. En una conciliación, uno más uno equivale máximo a uno y medio.[5]

~

El primer paso en el proceso de sinergia es hacer la siguiente pregunta: "¿Está usted dispuesto a que encontremos una solución que sea mejor que lo que cualquiera de los dos tengamos en mente?"[5]

~

El enfoque transaccional al conflicto se centra en el *yo:* "¿Cómo obtengo lo que deseo con el menor daño posible?" En cambio, el enfoque transformacional al conflicto se centra en el *nosotros:* "¿Cómo podemos crear algo increíble en conjunto?"[5]

~

La esencia de la sinergia radica en valorar las diferencias ideológicas, emocionales y psicológicas entre las personas. La clave para valorar dichas diferencias es reconocer que ninguno de nosotros ve el mundo como es, sino como somos.[7]

~

Que la gente no logre conciliar puede ser algo bueno, pues el camino se abre a una tercera alternativa. Con la conciliación todos perdemos algo; con una tercera alternativa, todos ganamos.[18]

EL PRINCIPIO
DE CONFIANZA

~

Conozco un restaurante que servía una excelente sopa de almejas y que todos los días, a la hora del almuerzo, estaba abarrotado de comensales. Después lo vendieron, y el nuevo dueño le dio prioridad a la gallina de los huevos de oro, así que decidió diluir la sopa con agua.

Durante un mes, las ganancias se incrementaron gracias a los bajos costos y a los ingresos constantes. Sin embargo, poco a poco, los clientes comenzaron a desaparecer. La confianza se había esfumado, así que el negocio se colapsó. El nuevo dueño intentó con desesperación recuperarla, pero había descuidado a los clientes y traicionado su confianza, así que perdió el activo que representaba la lealtad de sus comensales. Mató a la gallina que producía los huevos de oro.[7]

≈

Si desea que confíen en usted, sea confiable.[7]

≈

Para conservar la confianza de los que están presentes, sea leal a quienes están ausentes.[7]

≈

La gente confía instintivamente en aquellos cuya personalidad se basa en los principios correctos.[3]

≈

Hay personas en las que confiamos por completo, porque conocemos su carácter. Sean o no elocuentes, tengan o no las mejores técnicas para relacionarse con los demás, confiamos en ellos, y trabajamos en conjunto para alcanzar el éxito.[7]

≈

La confianza es el adhesivo de la vida. Es el ingrediente esencial de la comunicación efectiva, y el principio fundacional que sostiene todas las relaciones humanas.[1]

≈

La confianza es la forma más elevada de motivación humana.[7]

≈

Todos sabemos lo que es una cuenta bancaria. Depositamos dinero en ella y generamos una reserva de la cual podemos hacer retiros cuando es necesario. La cuenta bancaria emocional es una metáfora que describe la cantidad de confianza que se genera en una relación. Es el sentimiento de seguridad que se tiene con otro ser humano. Si hago depósitos de cortesía, amabilidad, honestidad y compromiso en la cuenta bancaria emocional que comparto con usted, consolido una reserva.[7]

Cuando el nivel de confianza es alto, la comunicación se da de forma sencilla, fluida e instantánea. Si comete un error, apenas si importará, pues la gente lo conoce y confía en usted.[8]

EL PRINCIPIO
DE VERDAD

~

Recuerdo un pequeño cambio de paradigma que experimenté una mañana de domingo en el metro de Nueva York. La gente estaba sentada en silencio; algunos leían el periódico, otros estaban absortos en sus pensamientos y otros más descansaban con los ojos cerrados. Era una escena tranquila y de mucha paz.

De repente, un hombre entró al vagón con sus hijos. Éstos eran tan escandalosos e inquietos que el ambiente cambió de inmediato.

El hombre se sentó a mi lado y cerró los ojos, dando la impresión de que no se daba cuenta de lo que ocurría. Los chicos se gritaban entre sí, se aventaban cosas e incluso agarraban los periódicos ajenos. La situación era perturbadora. Sin embargo, el hombre a mi lado no hacía nada al respecto.

Era difícil no sentirse molesto al respecto. No podía creer que fuera tan insensible como para permitir que sus hijos se comportaran de esa forma sin hacer algo, sin responsabilizarse de ellos. Era evidente que el resto de la gente también estaba enojada. Así que, finalmente, con lo

que me pareció que era una paciencia y contención in-
usuales en mí, volteé a verlo y le dije:

—Disculpe, sus hijos están molestando a mucha gen-
te. Me pregunto si podría controlarlos un poco.

El hombre levantó la mirada, como si se hiciera cons-
ciente por primera vez de la situación, y me dijo en voz
baja:

—Ah, tiene razón. Supongo que debería hacer algo al
respecto. Es que venimos del hospital. Su madre falleció
hace apenas una hora. No sé qué pensar, y supongo que
ellos tampoco saben cómo reaccionar.

¿Se imaginan lo que sentí en ese instante? Mi paradigma cambió. De repente vi las cosas de forma distinta, me sentí diferente y modifiqué mi comportamiento.
El enojo se desvaneció. No tuve que preocuparme más
por controlar mi actitud o mi comportamiento, pues
mi corazón se llenó con el dolor de ese hombre. La
compasión *fluyó libremente.*

—¿Su esposa acaba de morir? Lo lamento mucho.
¿Desea hablar al respecto? ¿Qué puedo hacer para ayu-
darlo?

Todo cambió en un instante.[7]

～

Centre su vida en principios. Los principios no reac-
cionan ante las cosas. Ellos no se divorciarán de nosotros ni se escaparán con nuestro mejor amigo. No
están ahí para perseguirnos. No pueden pavimentar
nuestro camino con atajos y soluciones rápidas. Su

validez no depende del comportamiento ajeno, del medio ambiente, ni de las modas pasajeras. Los principios son permanentes; no se presentan un día y se ausentan al siguiente.[7]

~

Los principios correctos son como brújulas: siempre nos indican el camino. Si sabemos cómo interpretarlos, no nos perderemos, no nos confundiremos ni nos dejaremos engañar por voces y valores conflictivos.[19]

~

Creo que hay partes de la naturaleza humana que las leyes o la educación no pueden alcanzar; para abordarlas, se requiere el poder de Dios.[7]

~

Si creo que veo el mundo tal como es, ¿por qué habría de valorar los diferentes puntos de vista? ¿Por qué habría de darle importancia a quien ha *perdido el camino*? Mi paradigma es que soy objetivo; veo el mundo tal como es. Todos los demás están nadando en minucias, mientras que yo veo el panorama completo. Por eso me llaman supervisor, porque tengo *super*visión.[7]

~

Los terminajos del mundo del liderazgo son como algodones de azúcar: saben bien por un momento, pero luego se evaporan.[8]

~

Nuestras percepciones pueden ser radicalmente diferentes de las de los demás. Sin embargo, vivimos con ciertos paradigmas mentales durante años, creyendo que son *hechos,* y cuestionamos el carácter o la capacidad intelectual de cualquiera que no *vea los hechos.*[7]

~

Nuestros problemas y pesares son universales y van en aumento, pero las soluciones a ellos están y siempre estarán fundamentadas en principios universales, permanentes y evidentes en sí mismos, los cuales son comunes a toda sociedad próspera y sólida a lo largo de la historia.[7]

~

Los principios son parte fundamental de cualquier gran religión, así como de las filosofías sociales y sistemas éticos más sólidos. Son evidentes en sí mismos, y cualquier individuo es capaz de reconocerlos con facilidad.[7]

~

La ética del carácter se basa en la idea fundamental de que existen principios que rigen la efectividad humana, leyes naturales dentro de la dimensión humana que son tan reales e inmutables, y están incuestionablemente presentes como la ley de la gravedad en la dimensión física.[7]

∼

El problema radica en la forma en la que percibimos el problema.[7]

∼

Existe en realidad un conjunto de valores, un sentido de la justicia, la honestidad, el respeto y la contribución que trasciende la cultura. Es algo permanente, que trasciende las épocas y es evidente en sí mismo.[8]

∼

Muchas fórmulas para las relaciones humanas son en realidad filosofías primaverales, pues parecen simples y lógicas, y funcionan cuando en las condiciones ambientales están ausentes las *tormentas de la vida*. Pero, a menos de que nos ocupemos de las raíces, de la estructura profunda del carácter del individuo, sólo nos anestesian y calman temporalmente.[4]

∼

Con demasiada frecuencia no reconocemos un dilema falso cuando lo enfrentamos, lo cual es terrible, pues, de hecho, la mayoría de los dilemas son falsos.[5]

≈

Debemos observar las gafas a través de las cuales miramos el mundo, así como el mundo que vemos, pues las gafas determinan la forma en la que interpretamos el mundo.[7]

≈

No vemos el mundo como es, sino como somos nosotros, o de la manera en la que estamos condicionados a verlo.[7]

≈

Cuando abrimos la boca para describir lo que vemos, en realidad nos describimos a nosotros mismos, a nuestras percepciones y nuestros paradigmas.[7]

≈

Mientras que las prácticas son específicas para cada situación, los principios son verdades fundamentales y profundas cuya aplicación es universal.[7]

EL PRINCIPIO
DE VISIÓN

Imagínese yendo a una funeraria o capilla, estacionando el auto y saliendo de él. Al entrar al edificio, observa las flores y escucha la apacible música del órgano. Ve los rostros de sus familiares y amigos al caminar por el pasillo. Experimenta el dolor de la pérdida y la alegría de haber conocido al difunto, lo cual los ahí reunidos comparten e irradian desde el corazón.

Al acercarse a la parte frontal de la habitación y mirar al interior del ataúd, de repente se encuentra cara a cara consigo mismo. Es su funeral, dentro de tres años. Toda esta gente ha venido a honrarlo y a expresar su amor y aprecio por usted.

Toma asiento, y mientras espera que comience la ceremonia, le echa un ojo al programa de mano. Hay cuatro oradores. El primero es alguien de su familia, ya sea inmediata o extendida: sus hijos, hermanos, hermanas, sobrinos, sobrinas, tíos, tías, primos, primas y abuelos han venido de muchas partes del país. El segundo es uno de sus amigos, alguien que puede hablar de cómo era usted como persona. El tercero es alguien de su trabajo o profesión. Y el cuarto pertenece a su iglesia o a alguna organización comunitaria en la que se involucró en vida.

Ahora, reflexione lo siguiente: ¿qué le gustaría que cada una de estas personas dijera sobre usted y su vida? ¿Qué clase de esposo, esposa, padre o madre le gustaría que describieran esas palabras? ¿Qué clase de hijo o hija, primo o prima? ¿Qué clase de amigo? ¿Qué clase de colega?

¿Qué cualidades le gustaría que hicieran notar? ¿Qué contribuciones y logros querría que recordaran? Observe con detenimiento a la gente que lo rodea. ¿Qué diferencia le hubiera gustado hacer en sus vidas?[7]

≈

Una misión personal fundamentada en los principios correctos se convierte en una constitución personal, en la base para tomar las decisiones más grandes y determinantes de su vida, en los cimientos para tomar decisiones cotidianas en medio de las circunstancias y emociones que afectan nuestra vida. La misión personal empodera con una fuerza imperecedera al individuo que está en medio del cambio.[7]

≈

Comience con el final en mente.[7]

≈

En la dimensión humana, ser es sinónimo de ver.[7]

~

Nuestra vida es muy distinta cuando en verdad sabemos lo que es de mayor importancia para nosotros. Con esta imagen en mente, nos regimos día con día para ser y hacer lo que en verdad importa.[7]

~

Si la escalera no está recargada contra la pared adecuada, cada paso que damos nos lleva al lugar equivocado con mayor rapidez.[7]

~

Al construir una casa, antes de enterrar la pala en la tierra por primera vez planeamos casi cada detalle de la construcción entera en nuestra mente, lo cual se plasma en un plano. Por tanto, les planteo la siguiente pregunta: ¿por qué no diseñamos en nuestra imaginación cada día, semana o año, antes de vivirlos en realidad?[4]

~

Puedo cambiar. Puedo vivir por medio de mi imaginación, no de mi memoria. Puedo atarme a mi potencial ilimitado, y no a mi pasado limitante.[7]

≈

La motivación es una llama interna. Si alguien intenta encender esa llama por debajo de usted, lo más probable es que arda por poco tiempo.[21]

≈

El núcleo de cualquier familia es lo inmutable, lo que permanecerá: los valores y la visión compartidos.[7]

≈

La era del conocimiento en la que nos encontramos superará cincuenta veces a la era industrial en términos de productividad; no lo hará dos, tres o diez veces, sino cincuenta.[8]

≈

El futuro no está en su empleo. El único futuro está dentro de usted mismo.[21]

≈

No hay forma de lograr el triunfo en nuestra vida si ni siquiera sabemos o entendemos a profundidad lo que constituye ese triunfo: aquello que está en armonía con nuestros valores más esenciales.[7]

≈

Por medio de la imaginación podemos visualizar los mundos de potencial que no han sido creados aún y que radican en nuestro interior.[7]

≈

Para cambiar de forma efectiva, primero debemos cambiar nuestras ideas.[21]

EL PRINCIPIO
DE GANAR-GANAR

Alguna vez trabajé con el líder de una gran cadena de tiendas minoristas que era un tanto escéptico.

—Mira, Stephen. La idea de ganar-ganar suena bien, pero es muy idealista. El verdadero mundo de los negocios no es así; es rudo. En todas partes se gestan situaciones ganar-perder, y si no participas en el juego no sales adelante.

—Está bien —le dije—. ¿Por qué no intentas ganar-perder con tus clientes? ¿Eso te parece realista?

—Claro que no —me contestó.

—¿Por qué no?

—Porque me quedaría sin clientes.

—Entonces intenta perder-ganar. Regala los productos de la tienda. ¿Eso es realista?

—No. Se necesita un margen de ganancias.

Después de considerar las diversas opciones, llegamos a la conclusión de que ganar-ganar parecía ser la única posibilidad verdaderamente realista.

—Supongo que aplica con los clientes —reconoció—, pero no con los proveedores.

—*Pero tú eres cliente de los proveedores* —le dije—. *¿Por qué no es posible aplicar el mismo principio?*

—*Bueno, hace poco renegociamos nuestros contratos de arrendamiento con los encargados y dueños de los centros comerciales. Llegamos con una actitud ganar-ganar. Nuestra postura era receptiva, razonable y conciliatoria, pero ellos la percibieron como débil y servil, y se aprovecharon de nosotros.*

—*Y ¿por qué adoptaron la postura de perder-ganar?* —le pregunté.

—*No lo hicimos. Nuestra actitud era ganar-ganar.*

—*Pero dices que se aprovecharon de ustedes.*

—*Así es.*

—*Dicho de otro modo, ustedes perdieron.*

—*Así es.*

—*¿Cómo le llamas a eso?*

Cuando se dio cuenta de que lo que él consideraba ganar-ganar en realidad era perder-ganar, se sorprendió.[7]

≈

El pensamiento ganar-ganar requiere esencialmente de la mentalidad de la abundancia, del paradigma de que hay suficientes recursos en el mundo para compartir con los demás. Como consecuencia, se comparten el prestigio, el reconocimiento, las ganancias y el proceso de toma de decisiones. Asimismo, se multiplican las posibilidades, las opciones, las alternativas y la creatividad. La mentalidad de la abundancia proviene de un profundo sentido interno de valor propio y confianza en uno mismo.[7]

~

Aunque todo trabajo tiene aspectos monótonos e in-mutables, todos contamos con múltiples oportunida-des en algún lugar o momento de nuestra vida para multiplicar nuestros intereses, incrementar nuestro conocimiento y comprensión de dichos intereses, y de-sarrollar nuestras habilidades y capacidades para par-ticipar activamente de los mismos e impulsarlos; en pocas palabras, de *involucrarnos con la vida*.[4]

~

A la larga, si no ganamos ambos, ambos perdemos. Es por ello que ganar-ganar es la única alternativa en las realidades interdependientes.[7]

~

La mayor parte de la vida no es una competencia. No debemos vivir cada día en competencia con nuestro cónyuge o con nuestros hijos, colegas, vecinos o ami-gos. Preguntarse "¿Quién está ganando en este ma-trimonio?" es ridículo. Si no ganan ambos, ambos pierden.[7]

~

La mayoría de la gente piensa de forma dicotómica: fuerte o débil, blanco o negro, ganar o perder. Sin embargo, esa mentalidad tiene fallas de origen, pues está fundamentada en el poder y la jerarquía, más que en principios. Ganar-ganar se basa en el paradigma de que hay suficiente para todos, y de que el éxito propio no se logra a expensas del éxito ajeno.[7]

Tal vez el sentido de posesión debe ser previo al sentido de compartir genuinamente.[7]

La venganza es un arma de doble filo. Conozco la historia de un divorcio en el que el juez instruyó al esposo a vender los activos y entregarle a su ex esposa la mitad de lo obtenido. Para cumplir con la sentencia, el hombre vendió un auto con valor de más de diez mil dólares por apenas cincuenta dólares, y le dio veinticinco a su ex esposa.[7]

Lo primero que la gente suele pensar cuando se mete en problemas es demandar a alguien, llevarlo a juicio, *ganar* a expensas del otro. Pero las mentes defensivas no son creativas ni cooperativas.[7]

La mentalidad de la carencia es el paradigma de vida de la suma cero. A menudo la gente con mentalidad de carencia alberga la esperanza oculta de que los otros padezcan infortunios; tal vez no desgracias, pero sí infortunios menores que los *pongan en su lugar*. Su sentido del valor propio proviene de la comparación con los demás; por tanto, el éxito ajeno, hasta cierto punto, representa su propio fracaso.[7]

≈

La mentalidad ganar-ganar es fundamental no sólo en los negocios, sino en todas las relaciones que tenemos en la vida. Es nuestro boleto de entrada al corazón de cualquier otro ser humano.[5]

≈

Piense ganar-ganar.[7]

≈

Con frecuencia asumimos que la intención de cualquier discusión es ganar, vencer al contrario. Inténtelo con sus familiares y amigos, y vea qué tanto le permite construir relaciones afectuosas y creativas.[5]

≈

Ganar es divertido. Pero hay más de una forma de hacerlo. La vida no es como un partido de tenis en el que sólo uno de los jugadores se declara vencedor. Es aún más emocionante cuando ambas partes ganan; cuando crean una nueva realidad que los complace a ambos.[5]

Ganar-ganar no es una técnica de personalidad, sino un marco ideológico y emocional que busca constantemente el beneficio mutuo en todas las interacciones humanas. Es una filosofía absoluta sobre la interacción humana que proviene de un carácter íntegro y maduro, y de la mentalidad de la abundancia, y surge a partir de relaciones con alto nivel de confianza.[7]

CITAS FAVORITAS
DE STEPHEN R. COVEY

~

Somos lo que hacemos repetidamente. Por tanto, la excelencia no es un acto, sino un hábito.

ARISTÓTELES

≈

Siembra una idea y cosecharás una acción;
siembra una acción y cosecharás un hábito;
siembra un hábito y cosecharás el carácter;
siembra el carácter y cosecharás el destino.

Atribuida a GEORGE DANA BOARDMAN

≈

El niño debe saber que es un milagro; que desde el principio del mundo y hasta el final de los tiempos no ha habido ni habrá otro como él.

PABLO CASALS

≈

Los planes son inservibles, pero la planeación es invaluable.

PETER F. DRUCKER

≈

Los problemas significativos que afrontamos no pueden solucionarse en el mismo nivel de pensamiento en el que estábamos cuando los creamos.

Atribuida a ALBERT EINSTEIN

≈

La historia del hombre libre nunca está escrita por el azar, sino por la elección: su propia elección.

DWIGHT D. EISENHOWER

≈

No cesaremos en la exploración,
y el fin de todas nuestras búsquedas
será llegar a donde comenzamos,
conocer el lugar por vez primera.

T. S. ELIOT

≈

Aquello en lo que perseveramos se vuelve más sencillo, no porque su naturaleza cambie, sino porque nuestra capacidad para hacerlo aumenta.

RALPH WALDO EMERSON

~

Todos los niños nacen siendo genios, pero con rapidez, sin darse cuenta, 9 999 de cada 10 000 son desposeídos de su condición de genios por los adultos.

RICHARD BUCKMINSTER FULLER

~

Lo que importa más nunca debe estar a merced de lo que importa menos.

JOHANN WOLFGANG VON GOETHE

~

Trate a un hombre tal como es, y permanecerá como es. Trátelo como puede y debe ser, y se convertirá en aquello que puede y debe ser.

JOHANN WOLFGANG VON GOETHE

~

La persona exitosa posee el hábito de hacer las cosas que a los fracasados no les gusta hacer, no porque necesariamente le guste hacerlas, sino porque subordina el desagrado a la fortaleza de su propósito.

E. M. Gray

≈

Es más noble entregarse por completo a una persona que trabajar con diligencia por la salvación de las masas.

Dag Hammarskjöld

≈

No daría un higo por la simplicidad de este lado de la complejidad, pero sí daría la vida por la simplicidad en el otro lado de la complejidad.

Oliver Wendell Holmes

≈

Lo que está detrás de nosotros y frente a nosotros es insignificante, comparado con lo que está en nuestro interior.

Atribuida a Oliver Wendell Holmes

≈

No puede haber amistad sin confianza, ni confianza sin integridad.

SAMUEL JOHNSON

~

A menudo me maravillan dos cosas: los cielos estrellados sobre mi cabeza y la ley moral en mi interior.

IMMANUEL KANT

~

A la larga, toda media verdad genera la contradicción de sí misma en la mitad opuesta.

D. H. LAWRENCE

~

Los dogmas del quieto pasado son inadecuados en el tumultuoso presente.

ABRAHAM LINCOLN

~

Tengo tanto que hacer hoy, de modo que necesito pasar otra hora de rodillas.

Atribuida a MARTÍN LUTERO

Los hábitos son como hebras: si cada día trenzamos una más, al poco tiempo el cordel se vuelve irrompible.

HORACE MANN

Hemos confiado la regla de oro a la memoria; confiémosla ahora a la vida.

EDWIN MARKHAM

Las mayores batallas de la vida se libran a diario en los aposentos silenciosos de nuestra propia alma.

DAVID O. MCKAY

Si hay quienes refutan una opinión recibida, agradezcámoselos, abramos nuestra mente para escucharlos y regocijémonos de que hay alguien que haga por nosotros lo que de otro modo deberíamos hacer.

JOHN STUART MILL

Últimamente, cuando miro hacia atrás en mi vida, como hago en ocasiones, lo que más me impresiona es que lo que en su momento parecía ser más significativo y seductor, ahora parece ser lo más inútil y absurdo.

MALCOLM MUGGERIDGE

~

Aquello que se obtiene con demasiada facilidad se estima con excesiva ligereza. Sólo la carestía les da valor a las cosas. El cielo sabe ponerle un precio adecuado a sus bienes.

THOMAS PAINE

~

El corazón tiene motivos que la razón desconoce.

BLAISE PASCAL

~

Nadie puede herirte sin tu consentimiento.

ELEANOR ROOSEVELT

~

Los débiles son crueles. La gentileza sólo puede prove-
nir de los fuertes.

LEO ROSKIN

≈

Ésta es la verdadera alegría de la vida: emplearse a fondo con una finalidad cuya grandeza uno reconoce, ser
una fuerza de la naturaleza y no un manojo insignificante y egoísta de enfermedades y resentimientos que
se lamenta de que el mundo no se dedique a hacerlo
feliz. Soy de la idea de que mi vida le pertenece a toda
la comunidad, y mientras esté vivo tengo el privile-
gio de hacer por ella lo que esté en mi poder. Aspiro a
estar completamente agotado cuando muera, pues
cuanto más trabajo, más vivo. Gozo de la vida por la
vida misma, pues no es para mí una simple vela, sino
una suerte de espléndida antorcha que por ahora me
toca llevar, y deseo que arda con todo el brillo posible
antes de pasarla a las siguientes generaciones.

GEORGE BERNARD SHAW

≈

No somos seres humanos viviendo una experiencia espiritual, sino seres espirituales que están teniendo una
experiencia humana.

PIERRE TEILHARD DE CHARDIN

~

Dale al mundo lo mejor que tienes y te patearán en los dientes. Dale al mundo lo mejor de ti de todos modos.

MADRE TERESA DE CALCUTA

~

No conozco hecho más alentador que la incuestionable habilidad del hombre para elevar su vida por medio del esfuerzo consciente.

HENRY DAVID THOREAU

~

Hay miles cortando las ramas del mal por cada uno que está asestando golpes a la raíz.

HENRY DAVID THOREAU

BIBLIOGRAFÍA

Libros de Stephen R. Covey

1. *Primero, lo primero: vivir, amar, aprender, dejar un legado*, traducción de Alejandra Bolanca y Adolfo Negrotto, México, Paidós, 1994.
2. *Cómo construir la carrera de su vida*, traducción de Hipatia Argüero, México, Grijalbo, 2012.
3. *El liderazgo centrado en principios*, traducción de Orestes Pantelides, Barcelona/México, Paidós, 1994.
4. *Spiritual Roots of Human Relations*, Salt Lake City: Desert Book, 1976.
5. *The 3rd Alternative: Solving Life's Most Difficult Problems*, Nueva York, Free Press, 2011.
6. *Los siete hábitos de las familias altamente efectivas*, traducción de María Amparo Penichet, México, Grijalbo, 1998.
7. *Los siete hábitos de la gente altamente efectiva*, traducción de Jorge Piatigorsky, México, Paidós, 1998.
8. *El octavo hábito: de la efectividad a la grandeza*, traducción de Gemma Andújar, México, Paidós, 2005.
9. *The Leader in Me*, Nueva York, Free Press, 2008.

Otras fuentes

10. "Big Rocks", Franklin Covey video, 1989.
11. Gallagher B. J, *Why Don't I Do the Things I Know Are Good for Me?*, Nueva York, Penguin, 2009.
12. Attwood, Janet y Jack Canfield, "Dr. Stephen R. Covey, Leading People from Effectiveness to Greatness", *A Life on Fire: Living Your Life with Passion, Balance and Abundance*, Enlightened Alliances, LLC, s.f.
13. "Knowledge Workers: 10,000 Times the Productivity", blog de Stephen R. Covey. http://www.stephencovey.com/blog?p=15.
14. "Dr. Stephen Covey Interview Featuring Jay Abraham, 10 de mayo, 2005". http://abraham-pop.s3.amazonaws.com/stephencoveyinterview.pdf.
15. "Our Children and the Crisis in Education", *The Huffington Post*, 20 de abril de 2010. http://www.huffingtonpost.com/stephen-r-covey/our-children-and-the-cris?_B_545034.html.
16. Babauta, Leo, "Exclusive Interview: Stephen Covey on His Morning Routine, Technology, Blogs, GTD and The Secret". http://zenhabits.net/exclusive-interview-stephen-covey-on-his-morningroutine-blogs-technology-gtd-and-the-secret/.
17. Schawbel, Dan, "Stephen Covey Gives You a 3rd Alternative", *Forbes*, 4 de octubre de 2011. http://www.forbes.com/sites/danschawbel/2011/10/04/stephen-r-covey-gives-you-a-3rd-alternative/.

18. Stephen R. Covey, "We Can Do Better Than This: A 3rd Alternative", *The Huffington Post*, 6 de octubre de 2011. http://www.huffingtonpost.com/stephen-r-covey/we-can-do-bette-thanthi_2_b_998107.html.

19. "A Day With Stephen Covey", 17 de julio de 2012. http://insights.execunet.com/index.php/comments/a_day_with_stephen_r_covey/best-practices/more.

20. Conversación personal con Stephen R. Covey.

21. Sin fuente, atribuido a Stephen R. Covey.

ÍNDICE